KB065271

리스닝으로 입과 귀가 터지는
초등
영어회화
개정판
36

리스닝으로 입과 귀가 터지는

**초등영어회화 36 (개정판)**

초　판 1쇄 발행 | 2011년 2월 15일
개정판 1쇄 인쇄 | 2024년 7월　5일
개정판 1쇄 발행 | 2024년 7월 10일

**지은이** 문호준
**펴낸이** 이규인
**펴낸곳** 국제어학연구소 출판부
**출판등록** 2010년 1월 18일 제302-2010-000006호
**주소** 서울특별시 마포구 대흥로4길 49, 1층(용강동 월명빌딩)
**Tel** (02) 704-0900　**팩시밀리** (02) 703-5117
**e-mail** changbook1@hanmail.net
**홈페이지** www.bookcamp.co.kr

**책임편집** 문성원·김성희·유지현
**편집 디자인** 임원숙

ISBN 979-11-9875874-3 13740
**정가** 16,800원

문호준 지음

국제어학연구소출판부

# 머리말

한 아이가 이 세상에 태어나 제일 먼저 하는 말이 일반적으로 **'엄마'**라고 합니다. 아이가 이 **'엄마'**라는 말을 입 밖으로 처음 내기까지 아이는 이 말을 수 천 번은 들었기에 가능하다고 합니다. 하지만 한 번 터진 말은 꼬리에 꼬리를 물고 아이의 입에서 술술술 나옵니다. 한번도 들은 적이 없을 것 같은 말조차 아이는 쏟아냅니다. 정말 신기하기도 합니다. 이렇듯 언어란 먼저 많이 듣는 것이 기본입니다. 아이가 **'엄마'**라는 말을 수없이 많이 듣고 말문이 터지듯 영어 또한 듣는 것이 무엇보다 우선입니다.

이 책은 이 점에 착안하여 언어 습득의 첫 과정인 듣기(Listening)를 위주로 펴낸 책입니다. 대화(Dialogue)를 많이 듣고 따라 반복하세요. 각 상황에 따른 3~4줄짜리의 간단한 대화를 통해 인사에서부터 일상생활에서 아주 요긴한 회화를 집중적으로 익힙니다. 각 대화를 확실히 익히면 듣기 테스트(Listening Test)를 통해 말하기, 듣기를 체크해 보세요. 쑥쑥 늘어나는 영어 실력에 자신감이 붙을 것입니다.

이 책을 통해 우리의 어린이들이 자신의 꿈을 펼치는데 조그마한 힘이 되기를 바랍니다.

# 이 책의 구성

본 책은 보다 완벽한 영어 구사를 위해 꼭 요한 듣기(Listening)를 익힐 수 있도록 엮은 책입니다. 36개의 대화(Dialogue)를 통해 언어 습득의 첫 과정인 듣기로 귀를 열리게 한 후 말하기(Speaking)에 도전합니다.

책의 내용은 다음과 같이 되어 있습니다.

## 1 꼭 알아야 할 표현들

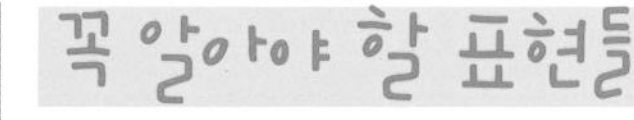

기본적인 표현 외에 다양한 상황에서 우리들이 쉽게 접하게 되는 표현들을 익혀요.

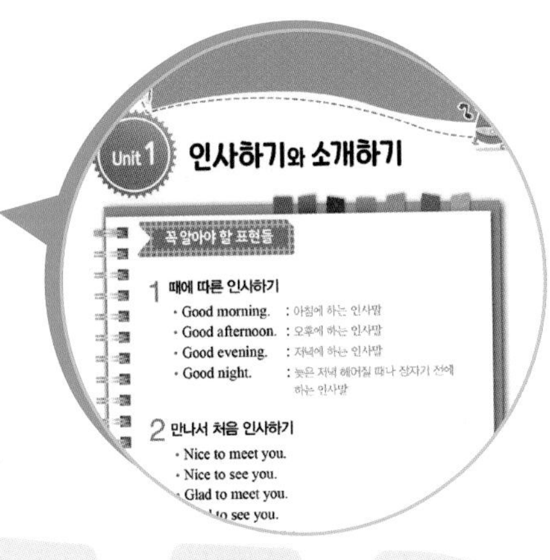


## 2 Listen to dialogue(대화 듣기)

기본적인 표현으로 일상에서 우리가 쉽게 접하는 상황을 연출하여 대화를 익혀요.

## 3 기본 표현

가장 기본적인 표현들을 익혀 보아요.

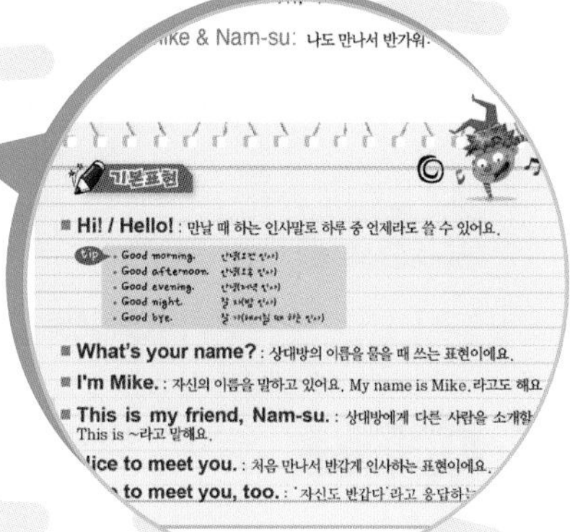


## 4 Listening Test(듣기 테스트)

듣기를 통해 영어 실력을 키워요.

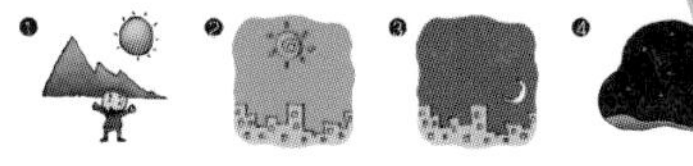

차 례

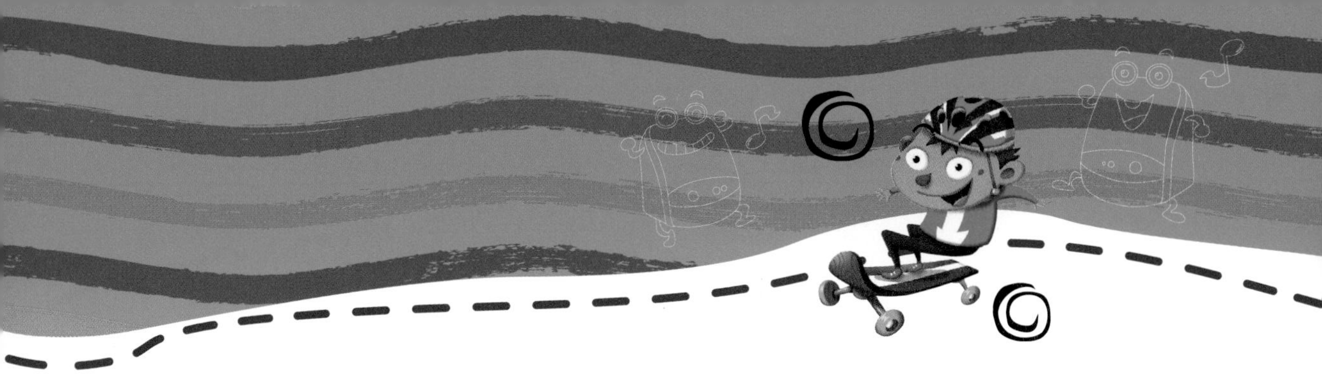

Let's start!

# Unit 1 인사하기와 소개하기

## 꼭 알아야 할 표현들

### 1 때에 따른 인사하기

- Good morning. : 아침에 하는 인사말
- Good afternoon. : 오후에 하는 인사말
- Good evening. : 저녁에 하는 인사말
- Good night. : 늦은 저녁 헤어질 때나 잠자기 전에 하는 인사말

### 2 만나서 처음 인사하기

- Nice to meet you.
- Nice to see you.
- Glad to meet you.
- Glad to see you.
- Happy to meet you.
- Happy to see you.

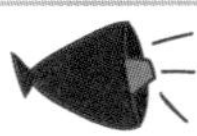

## 단어와 어구

good 좋은 | morning 아침 | afternoon 오후 | evening 저녁 | night 밤 | see 보다, 만나다
glad 기쁜, 즐거운 | happy 행복한

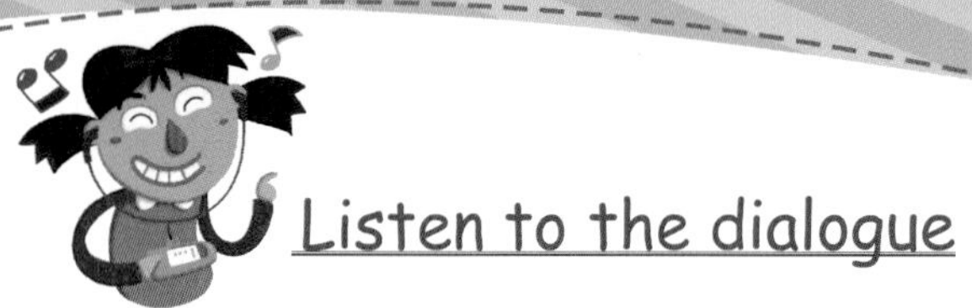


# 1. Nice to meet you.

Sally: Hi! My name is Sally. What's your name?

Mike: I'm Mike. And this is my friend, Nam-su.

Sally: Nice to meet you, Mike and Nam-su.

Mike & Nam-su: Nice to meet you, too.

my 나의 | name 이름 | what 무엇 | your 너의 | this 이것, 이 사람 | nice 좋은
meet 만나다 | too 또한, 역시

## 이런 뜻이에요

Sally: 안녕! 내 이름은 샐리야. 네 이름은 무엇이니?

Mike: 내 이름은 마이크야. 그리고 이 쪽은 내 친구 남수야.

Sally: 만나서 반가워, 마이크와 남수.

Mike & Nam-su: 나도 만나서 반가워.

- **Hi! / Hello!** : 만날 때 하는 인사말로 하루 중 언제라도 쓸 수 있어요.

- Good morning. 안녕(오전 인사)
- Good afternoon. 안녕(오후 인사)
- Good evening. 안녕(저녁 인사)
- Good night. 잘 자(밤 인사)
- Good bye. 잘 가(헤어질 때 하는 인사)

- **What's your name?** : 상대방의 이름을 물을 때 쓰는 표현이에요.
- **I'm Mike.** : 자신의 이름을 말하고 있어요. My name is Mike.라고도 해요.
- **This is my friend, Nam-su.** : 상대방에게 다른 사람을 소개할 때는 This is ~ 라고 말해요.
- **Nice to meet you.** : 처음 만나서 반갑게 인사하는 표현이에요.
- **Nice to meet you, too.** : '자신도 반갑다'라고 응답하는 표현이에요.

# 듣기 | Listening Test

**1** 들려주는 단어를 그림으로 알맞게 나타낸 것을 고르세요.

❶ 

❷ 

❸ 

❹ 

**2** 들려주는 표현을 그림으로 알맞게 나타낸 것을 고르세요.

❶ 

❷ 

❸ 

❹ 

**3** 그림을 보고, 그림의 내용에 가장 어울리는 대화를 고르세요.

❶  ❷  ❸  ❹ 

# Unit 2 안부 인사하기

## 꼭 알아야 할 표현들

### 1 안부 인사하기 : 어떻게 지내니?

- How are you?
- How are you doing?
- How's it going?
- How's everything?

### 2 안부 인사에 대답하기

- Pretty good. / Great. / Very well.
  아주 좋아. / 아주 잘 지내.
- (I'm) Fine. / I'm okay. 좋아. / 잘 지내.
- Not bad. 괜찮아요.
- So-so. 그저 그래요.
- Not good. 좋지 않아요.

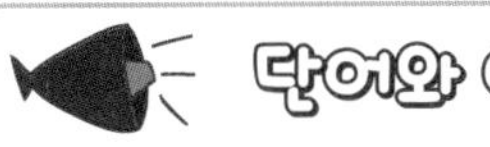


everything 모든 일 | great 매우 좋은 | very 매우 | not ~이 아닌 | bad 나쁜
so-so 그저 그런, 좋지도 않고 나쁘지도 않은

# 2. How are you?

Mike: Hi, Sally! How are you?

Sally: I'm fine. How about you?

Mike: Pretty good, thanks.

hi 안녕 | I'm = I am 나는 ~이다 | fine 좋은 | How about ~? ~(은)가 어때?
pretty 매우(=very)

## 이런 뜻이에요

Mike: 안녕 샐리! 어떻게 지내니?

Sally: 잘 지내. 너는 어떠니?

Mike: 아주 좋아. 고마워.

- **How are you?** : 오랜만에 만났을 때 상대방의 안부를 묻는 인사예요.
- **I'm fine.** : 안부 인사에 대한 대답으로, 잘 지내고 있을 때의 대답이에요.

- **How about you?** : 상대방에게 같은 말로 되물을 때, 똑같은 표현이 반복되는 것을 피하기 위한 표현이에요. And you?라고도 해요.
- **Pretty good, thanks.** : 상대방이 자기의 안부를 물어봐 준 것에 대해 대답하면서, 감사의 표현도 함께 하는 표현이에요.

# 듣기 | Listening Test

**1** 들려주는 대화를 그림으로 알맞게 나타낸 것을 고르세요.

❶ ❷ ❸ ❹

**2** 들려주는 표현을 그림으로 알맞게 나타낸 것을 고르세요.

❶ ❷ ❸ ❹

**3** 그림을 보고, 그림의 내용에 가장 어울리는 대화를 고르세요.

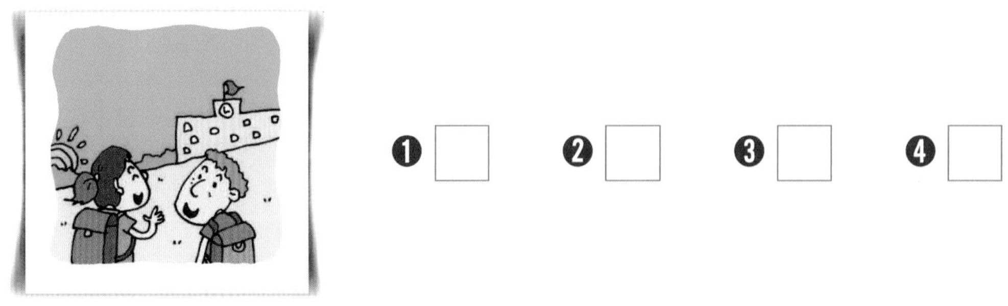

❶ ☐ ❷ ☐ ❸ ☐ ❹ ☐

# Unit 3 인칭대명사와 be동사

## 꼭 알아야 할 표현들

### 1 인칭대명사와 be동사

단수
I am → I' m
You are → You're
He is → He's
She is → She's
It is → It's

복수
We are → We're
You are → You're
They are → They're

### 2 be동사로 시작하는 의문문과 대답

A : Are you a student? 너는 학생이니?
B : Yes, I am. 네, 그래요.

A : Is she your aunt? 그녀는 너의 이모니?
B : No, she isn't. She's my mother.
아니, 그렇지 않아. 나의 엄마야.

A : Who are they? 그들은 누구니?
B : They're my cousins. 그들은 나의 사촌들이야.

we 우리 | you 너, 너희들 | student 학생 | aunt 아주머니, 이모, 고모, 숙모
mother 어머니 | they 그들 | cousin 사촌

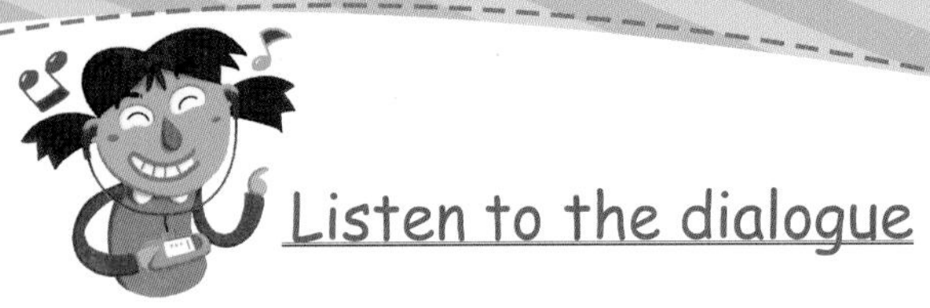

# 3. Who is this?

Sally: Who is this?

Mike: She is my sister.

Sally: And who is this? Is he your father?

Mike: No, he isn't. He is my uncle.

who 누구 | this 이것, 이 사람 | she 그녀 | sister 여자 형제 | he 그는 | father 아버지
isn't = is not ~가 아니다 | uncle 아저씨, (외)삼촌

 Sally: 이 사람은 누구니?

 Mike: 그 여자애는 내 여동생이야.

 Sally: 이 사람은 누구니? 그는 너의 아버지니?

 Mike: 아니야. 그렇지 않아. 그는 나의 삼촌이야.

- **Who is this?** : 가까이 있는 사람이나 사진 속 인물을 가리키며, 누구인지 물어보는 말이에요. 멀리 있는 사람을 가리킬 때는 that을 이용하여 Who is that? 이라고 말해요.

- Who is he? 그는 누구니?
- Who is she? 그녀는 누구니?

- **She is my sister.** : Who is this?의 대답이에요. 상대가 남자면 He is ~로, 여자면 She is ~로 받아 대답해요.

- **Is he your father?** : 가족 관계를 묻는 표현이에요.

- **No, he isn't.** : 상대의 질문에 대한 부정의 대답이에요. 맞을 경우에는 Yes, he is.로 대답해요.

# 듣기 | Listening Test

## 1 들려주는 단어를 그림으로 알맞게 나타낸 것을 고르세요.

❶ 

❷ 

❸ 

❹ 

## 2 들려주는 표현을 그림으로 알맞게 나타낸 것을 고르세요.

❶ 

❷ 

❸ 

❹ 

## 3 그림을 보고, 그림의 내용에 가장 어울리는 표현을 고르세요.

❶ 

❷ 

❸ 

❹ □

# Unit 4 헤어질 때 인사하기

## 꼭 알아야 할 표현들

### 1 잠들기 전 인사하기 : 잘 자.

- Good night.
- Sleep tight.
- Have a good sleep.
- Sweet dreams.

### 2 헤어질 때 인사하기

- Good bye. / Bye. / So long. 잘 가.
- See you later. 나중에 보자.
- See you again soon. 곧 또 만나.
- See you tomorrow. 내일 보자.
- See you then. 그때 보자.
- Take care. / Take care of yourself. 몸 조심해.
- Have a nice day. 좋은 하루 보내.

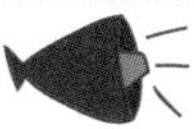

## 단어와 어구

night 밤 | sleep 자다, 잠 | tight 푹, 깊이 | good 좋은 | sweet 달콤한 | dream 꿈
later 나중에, 후에 | soon 곧, 금방 | then 그 때 | tomorrow 내일
take care 조심하다, 돌보다 | yourslf 너 자신 | day 날

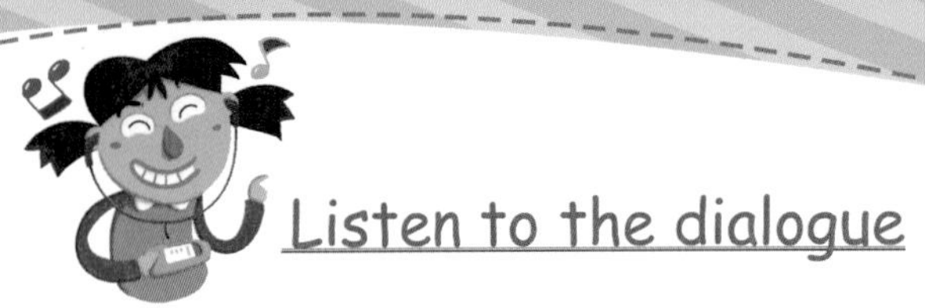

# 4. See you again.

Sally: Mike, it's time to go home.

Mike: OK. Let’s go home now.

Sally: Good bye, Mike.

Mike: Good bye, Sally. See you again.

It’s = It is | time 시간 | go 가다 | home 집으로, 집에 | let’s ~하자 | now 지금
see 보다, 만나다 | again 다시, 또

## 이런 뜻이에요

Sally: 마이크, 집에 갈 시간이야.

Mike: 알았어. 이제 집에 가자.

Sally: 잘 가, 마이크.

Mike: 잘 가, 샐리. 또 보자.

## 기본표현

- **It's time to go home.** : It's time to ~는 '~할 시간이다'라는 뜻이에요.
- **Let's go home now.** : Let's는 '~하자'라는 뜻으로, 상대방에게 무엇을 하자고 권유하는 말이에요.
- **Good bye.** : 헤어질 때 하는 인사말이에요. 간단히 Bye.라고도 해요.

tip 언제 어디서 누구와 헤어지더라도 쓸 수 있는 가장 일반적인 표현은 'Good-bye.'이다. 'Bye-bye.'는 어린이들이 흔히 쓰는 표현이지만 어른들도 친한 사이에서 많이 사용한다. 그 외에 친한 사이에서는 'Bye, See you later, So long'등이 쓰인다.

- **See you again.** : 헤어질 때 하는 인사말로 Good bye.와 함께 쓰기도 해요.

# 듣기 | Listening Test

1 들려주는 표현을 그림으로 알맞게 나타낸 것을 고르세요.

❶ 
❷ 
❸ 
❹ 

2 들려주는 표현을 그림으로 알맞게 나타낸 것을 고르세요.

❶ 
❷ 
❸ 
❹ 

3 그림을 보고, 그림의 내용에 가장 어울리는 대화를 고르세요.

❶  ❷  ❸  ❹ ☐

# Unit 5 지시하기와 금지하기

## 꼭 알아야 할 표현들

### 1 지시하기

- Open the door. 문을 열어라.
- Close the window. 창문을 닫아라.
- Open your mouth. 입을 벌려라.
- Close your eyes. 눈을 감아라.
- Wash you hands. 손을 씻어라.
- Wash your face. 얼굴을 씻어라.

### 2 금지하기

- Don't stand up. 일어나지 마.
- Don't run. 뛰지 마.
- Don't touch it. 만지지 마.
- Don't make a noise. 떠들지 마.
- Don't swim here. 여기에서 수영하지 마.

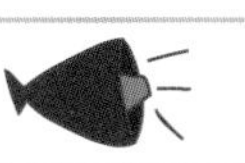

## 단어와 어구

window 창문 | door 문 | close 닫다 | mouth 입 | eye 눈 | wash 씻다 | hand 손 face 얼굴 | stand 일어나다 | up 위로 | run 뛰다, 달리다 | touch 만지다 | noise 소음 swim 수영하다 | here 여기에(서)

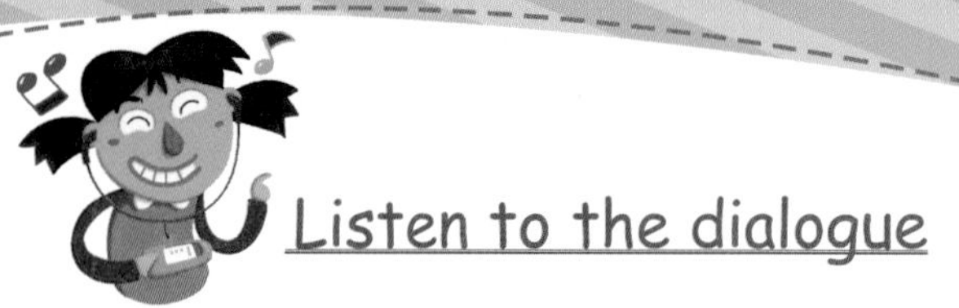

# 5. Open the window, please.

Sally: I's a little hot. Open the window, please.

Nam-su: Okay.

Sally: Thank you, Nam-su.

Oh no, Mike! Don't sit on that chair!

a little 약간, 조금 | hot 더운, 뜨거운 | open 열다 | window 창문 | please 제발, 부디
don't(=do not) ~하지 않다 | sit 앉다 | on ~위에 | chair 의자

## 이런 뜻이에요

 Sally: 약간 덥다. 창문 좀 열어줘.

 Nam-su: 알았어.

 Sally: 고마워, 남수야.

안돼, 마이크! 그 의자에 앉지 마!

- **It's a little hot.** : 날씨를 표현할 때는 It을 주어로 써서 말하는데, 이 때의 it은 따로 해석하지 않아요.

날씨를 나타내는 표현

- It's cold outside. 밖은 추워요.
- It's a little bit chilly. 좀 쌀쌀해요.
- It's rainy. 비가 와요.
- It's cloudy. 구름이 낀 게 흐려요.
- It's cool. 서늘해요.
- It's snowy. 눈이 와요.
- It's windy. 바람이 불어요.
- It's very hot. 아주 더워요.
- It's sunny. 화창해요.

- **Open the window, please.** : 지시하는 말은 주어 없이 동사로 시작해요. 또한 지시하는 말의 앞이나 뒤에 please를 붙이면 좀 더 공손한 표현이 돼요.
- **Thank you, Nam-su.** : 창문을 열어 줘서 고맙다는 뜻이에요.
- **Don't sit on that chair!** : Don't 다음에 동사가 오면, '~하지 마'라는 뜻으로 금지를 표현하는 말이 돼요.

# 듣기 | Listening Test

## 1 들려주는 단어를 그림으로 알맞게 나타낸 것을 고르세요.

❶ 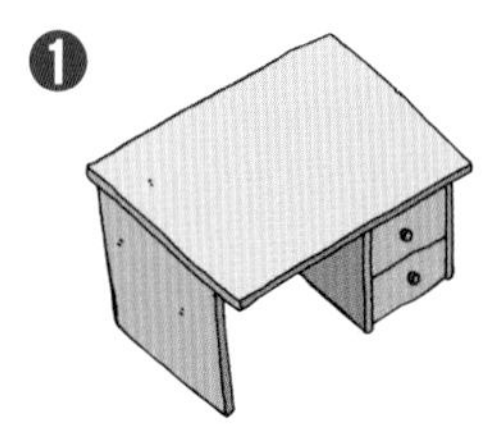

❷ 

❸ 

❹ 

## 2 들려주는 표현을 그림으로 알맞게 나타낸 것을 고르세요.

❶ 

❷ 

❸ 

❹ 

## 3 그림을 보고, 그림의 내용에 가장 어울리는 대화를 고르세요.

# Unit 6 소유격

## 꼭 알아야 할 표현들

### 1 인칭대명사와 소유격

단수 I → my　you → your　he → his
she → her　it → its　Mike → Mike's
my brother → my brother's

복수 we → our　you → your
they → their

### 2 소유 묻고 대답하기

A : Is this her pencil? 이것이 그녀의 연필이니?
B : Yes, it is. 응, 그래.
A : Are these their balls? 이것들은 그들의 공이니?
B : No, they aren't. They're our balls.
아니, 그렇지 않아. 그것들은 우리의 공이야.
A : Whose backpack is it? 그거 누구 배낭이니?
B : It's Mike's backpack. 그것은 마이크의 배낭이야.

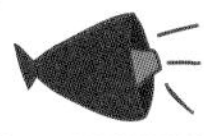
단어와 어구

pencil 연필 | ball 공 | backpack 배낭

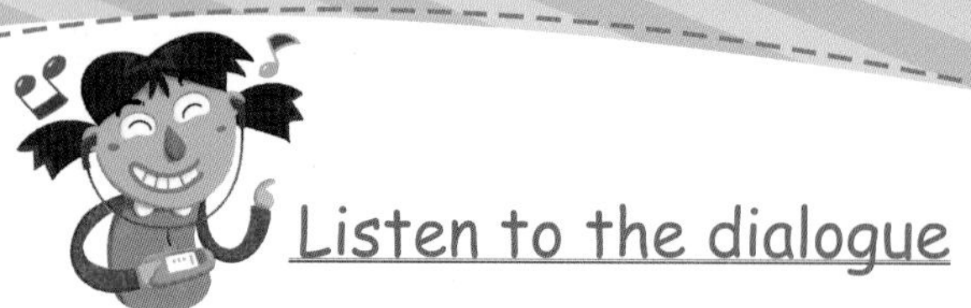

# 6. Whose pencil is this?

Mike: Is this your eraser?

Sally: No, it's not mine. My eraser is new.

Mike: Whose eraser is it then?

Sally: It's Mi-nam's eraser.

eraser 지우개 | not ~이 아니다 | mine 나의 것 | new 새로운 | whose 누구의, 누구의 것

## 이런 뜻이에요

Mike: 이거 네 지우개니?

Sally: 아니야. 그건 내 것이 아니야. 내 지우개는 새 거야.

Mike: 그럼 이건 누구 지우개야?

Sally: 그것은 미남이의 지우개야.

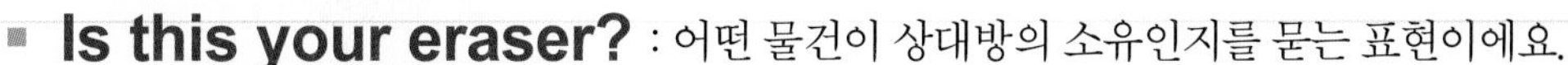

- **Is this your eraser?** : 어떤 물건이 상대방의 소유인지를 묻는 표현이에요.
- **It's not mine.** : mine은 '나의 것'이라는 뜻의 소유대명사예요.

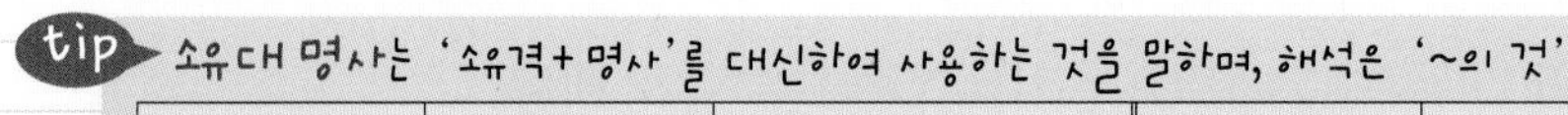

tip 소유대명사는 '소유격+명사'를 대신하여 사용하는 것을 말하며, 해석은 '~의 것'이라고 해요.

| 인칭대명사 | 소유대명사 | 해석 | 인칭대명사 | 소유대명사 | 해석 |
|---|---|---|---|---|---|
| I(나) | mine | 나의 것 | He(그) | his | 그의 것 |
| You(너) | yours | 너의 것, 너희들의 것 | We(우리) | ours | 우리들의 것 |
| She(그녀) | hers | 그녀의 것 | They(그들의) | theirs | 그들의 것 |

- **My eraser is new.** : 지우개의 상태를 표현한 말이에요.
- **Whose eraser is it then?** : 누구의 것인지 물을 때 쓰는 표현이에요.
- **It's Mi-nam's eraser.** : 사람 이름에 어퍼스트로피(')를 붙여 소유를 표현해요.

# 듣기 | Listening Test

**1** 들려주는 단어를 그림으로 알맞게 나타낸 것을 고르세요.

❶ 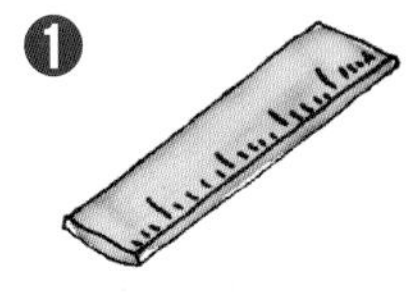
❷ 
❸ 
❹ 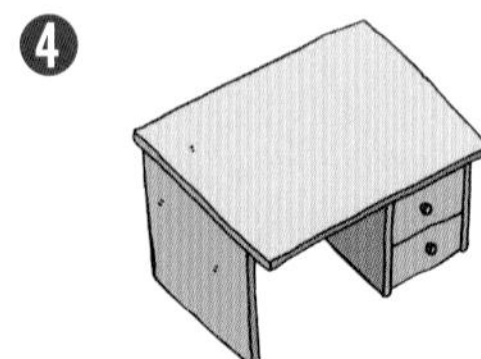

**2** 들려주는 표현을 그림으로 알맞게 나타낸 것을 고르세요.

❶ 
❷ 
❸ 
❹ 

**3** 그림을 보고, 그림의 내용에 가장 어울리는 대화를 고르세요.

❶ 
❷ 
❸ 
❹ ☐

# Unit 7 좋고 싫은 것 표현하기

## 꼭 알아야 할 표현들

### 1 좋고 싫은 것 표현하기

- I like apples. 나는 사과를 좋아해.
- I like apples very much. 나는 사과를 매우 좋아해.
- I like apples, too. 나도 사과를 좋아해.
- I don't like pears. 나는 배를 좋아하지 않아.

### 2 좋아하는 것 묻고 답하기

- What's your favorite food(fruit)?
  네가 가장 좋아하는 음식(과일)이 무엇이니?
- I like beefsteak best.
  나는 비프스테이크를 가장 좋아해.

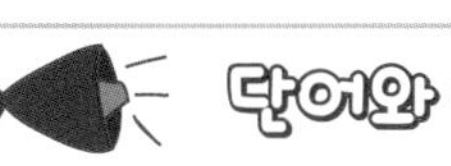


apple 사과 | very much 매우, 많이 | too 또한 | pear 배 | favorite 가장 좋아하는 food 음식 | fruit 과일 | beefsteak 비프스테이크 | best 가장, 제일

# 7. Do you like pizza?

Sally: I like pizza. Do you like pizza?

Mike: No, I don't.

Sally: What do you like?

Mike: I like curry and rice.

like 좋아하다 | pizza 피자 | don't = do not ~하지 않다 | what 무엇
curry and rice 카레라이스

## 이런 뜻이에요

Sally: 나는 피자를 좋아해. 너는 피자를 좋아하니?

Mike: 아니, 그렇지 않아.

Sally: 너는 무엇을 좋아하니?

Mike: 나는 카레라이스를 좋아해.

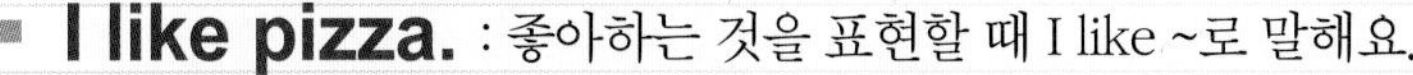

- **I like pizza.** : 좋아하는 것을 표현할 때 I like ~로 말해요.

tip 아이들이 좋아하는 음료수에는 무엇이 있을까요?

- milk 우유
- milk shake 밀크 쉐이크
- orange juice 오렌지 주스
- coke 콜라
- clear soda pop 사이다

- **Do you like pizza?** : Do you like ~?는 '너는 ~을 좋아하니?'라고 묻는 표현이에요.
- **No, I don't.** : Do you like ~?에 대한 부정의 대답이에요. 긍정의 대답은 Yes, I do.라고 해요.
- **What do you like?** : 상대방이 무엇을 좋아하는지 물어보는 표현이에요.

# 듣기 | Listening Test

**1** 들려주는 단어를 그림으로 알맞게 나타낸 것을 고르세요.

❶ 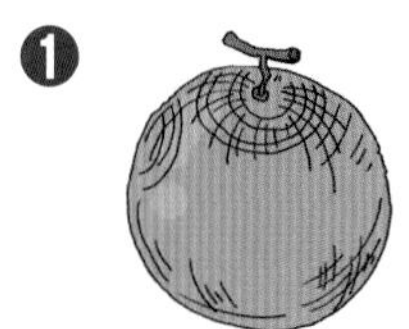
❷ 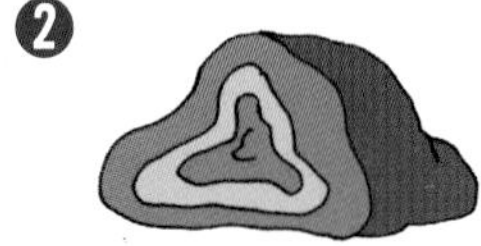
❸ 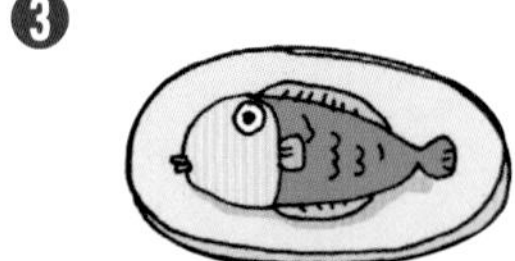
❹ 

**2** 들려주는 대화를 그림으로 알맞게 나타낸 것을 고르세요.

❶ 
❷ 
❸ 
❹ 

**3** 그림을 보고, 그림의 내용에 가장 어울리는 대화를 고르세요.

❶ 
❷ 
❸ 
❹ 

# Unit 8 정보 묻고 답하기

## 꼭 알아야 할 표현들

### 1 정보 묻기

- Do you have a puppy? 너는 강아지가 있니?
- Do you have some oranges?
  너는 오렌지를 좀 가지고 있니?
- What do you have? 너는 무엇을 가지고 있니?

### 2 대답하기

- Yes, I do. / No, I don't. 응, 그래. / 아니, 그렇지 않아.
- I have two dogs. 나는 개 두 마리가 있어.
- I don't have any pets. 나는 애완 동물은 하나도 없어.

**단어와 어구**

puppy 강아지 | some 약간, 조금의 | orange 오렌지 | two 둘, 두 개 | dog 개 | pet 애완 동물

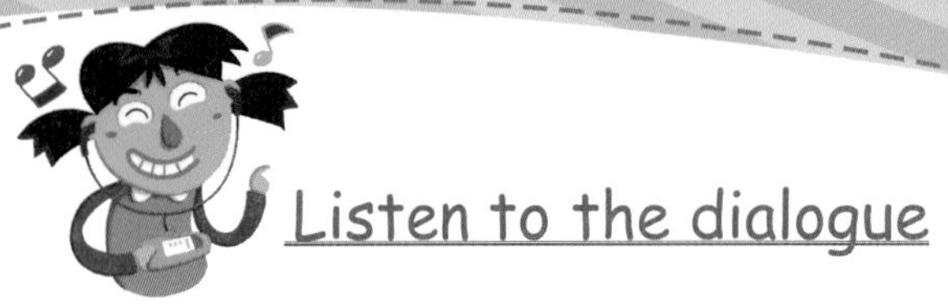

# 8. Do you have a paintbrush?

Mike: Do you have watercolor paints?

Sally: Yes, I do. Let’s share it.

Mike: Thanks. Well, do you have a paintbrush?

Sally: Yes, but I’m using it. Sorry, Mike.

Mike: That’s okay.

have 가지고 있다 | watercolor paints 수채화 물감 | well 글쎄, 그럼 | paintbrush 그림붓
but 그러나 | use 쓰다, 사용하다 | sorry 유감인, 미안하게 생각하는 | okay 괜찮은, 좋은

Mike: 너 물감 있니?

Sally: 응, 그래. 같이 쓰자.

Mike: 고마워. 그럼 그림붓도 있니?

Sally: 응, 하지만 내가 쓰고 있어. 미안해 마이크.

Mike: 괜찮아.

- **Do you have watercolor paints?** : 상대방이 어떤 것을 가지고 있는지 물을 때는 Do you have ~?라는 표현을 써요.

많이 사용하는 학용품을 영어로 알아볼까요?

| | | | |
|---|---|---|---|
| eraser 지우개 | pencil 연필 | glue 풀 | scissors 가위 |
| crayon 크레용 | ruler 자 | notebook 공책 | workbook 연습장 |

- **Yes, I do. Let's share it.** : Yes, I do.는 Do you have~?에 대한 대답이에요. 부정의 대답은 No, I don't.이라고 해요. Let's share it.은 '그것을 함께 쓰자.'라는 제안의 표현이에요.

- **Yes, but I'm using it.** : I'm using it.은 현재 자신이 사용하고 있다는 표현이에요. 이렇게 현재 진행 중인 일을 말할 때는 「be동사+동사의 ing형」으로 표현해요.

- **That's okay.** : Sorry.에 대한 응답으로 That's all right.과 같은 표현이에요.

# 듣기 | Listening Test

**1** 들려주는 단어를 그림으로 알맞게 나타낸 것을 고르세요.

❶ 

❷ 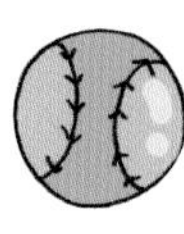

❸ 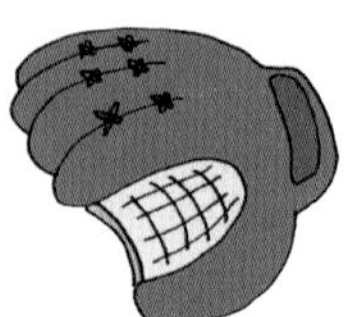

❹ 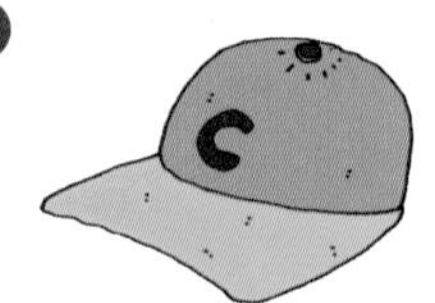


**2** 들려주는 표현을 그림으로 알맞게 나타낸 것을 고르세요.

❶ 

❷ 

❸ 

❹ 

**3** 대화를 잘 듣고, 이어지는 질문에 알맞은 답을 고르세요.

❶  

❷ 

❸ 

❹ 

# Unit 9 일반동사의 부정문과 의문문 (1, 2인칭)

## 꼭 알아야 할 표현들

### 1 일반동사의 부정문

- I want a doll. → I don't want a doll.
  나는 인형을 원해. → 나는 인형을 원하지 않아.
- You read a book. → You don't read a book.
  너는 책을 읽는다. → 너는 책을 읽지 않는다.
- They eat gimchi. → They don't eat gimchi.
  그들은 김치를 먹는다. → 그들은 김치를 먹지 않는다.

### 2 일반동사의 의문문

- You want a doll. → Do you want a doll?
  너는 인형을 원해. → 너는 인형을 원하니?
- You read a book. → Do you read a book?
  너는 책을 읽는다. → 너는 책을 읽니?
- They eat gimchi. → Do they eat gimchi?
  그들은 김치를 먹는다. → 그들은 김치를 먹니?

단어와 어구

read 읽다 | book 책 | eat 먹다 | gimchi 김치

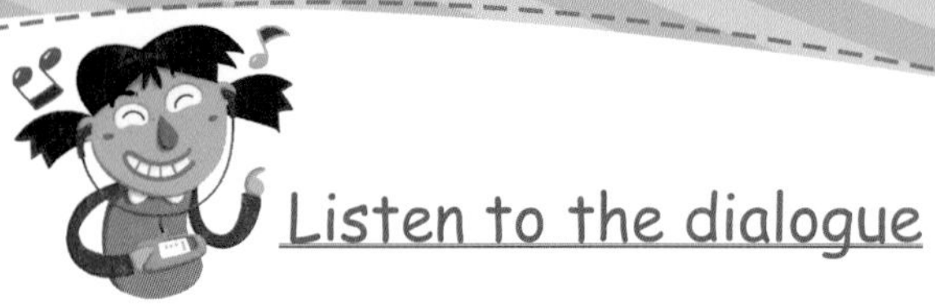

# 9. I don't want this.

Dad: Do you want a doll?

Sally: Sure, I do!

Dad: How about this one?

Sally: No. I don't want this. Look at that!

It's so cute. Dad, I want that doll.

want 원하다 | doll 인형 | How about ~? ~은 어때? | this 이것, 여기 있는
don't want 원하지 않다 | that 저것, 저기 있는 | so 너무, 매우 | cute 귀여운

## 이런 뜻이에요

 Dad: 인형 가지고 싶니?

 Sally: 네, 갖고 싶어요!

 Dad: 이것은 어때?

 Sally: 아니요. 나는 이것을 원하지 않아요. 저것 좀 봐요. 정말 귀여워요. 아빠, 난 저 인형을 원해요.

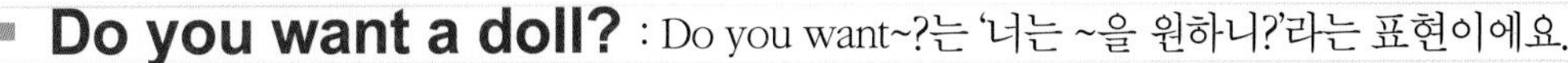

## 기본표현

- **Do you want a doll?** : Do you want~?는 '너는 ~을 원하니?'라는 표현이에요.
- **How about this one?** : How about~?은 '~은 어때?'라고 상대방의 의견을 묻는 표현이에요. 이 문장에서 one은 '하나'라는 뜻이 아니고, 앞의 doll을 대신해서 쓰인 대명사예요.

tip 대명사는 명사를 대신하는 말이에요. 대명사에는 사람을 부를 때 쓰는 '인칭대명사', 사물을 가리킬 때 쓰는 '지시대명사', 무엇인가를 물을 때 쓰는 '의문사' 등이 있어요.

- **I don't want this.** : 원하지 않는 것을 표현하는 말이에요.
- **It's so cute!** : 인형이 귀엽다고 감탄하는 표현이에요.
- **I want that doll.** : 무엇인가를 원할 때는 I want ~라고 표현해요.

# 듣기 | Listening Test

**1** 들려주는 단어를 그림으로 알맞게 나타낸 것을 고르세요.

❶ 
❷ 
❸ 
❹ 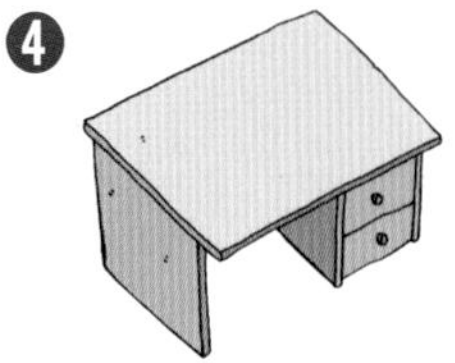

**2** 들려주는 표현을 그림으로 알맞게 나타낸 것을 고르세요.

❶ 
❷ 
❸ 
❹ 

**3** 그림을 보고, 그림의 내용에 가장 어울리는 대화를 고르세요.

❶ 
❷ 
❸ 
❹ 

# Unit 10 가능과 불가능 표현하기

## 꼭 알아야 할 표현들

### 1 가능과 불가능의 표현

- I can swim, but I can't skate.
  나는 수영은 할 수 있지만, 스케이트는 못 타.
- She can speak English, but she can't speak Korean.
  그녀는 영어를 말할 수 있지만, 한국어는 말할 수 없어.

### 2 가능성 묻기

A : Can you play the flute?
너는 플루트를 연주할 수 있니?

B : Yes, I can. / No, I can't
응, 할 수 있어. / 아니, 할 수 없어.

A : Can you play baseball?
너는 야구할 수 있니?

B : Sure, I can. / No, I can't.
물론, 할 수 있어. / 아니, 할 수 없어.

## 단어와 어구

swim 수영하다 | skate 스케이트 타다 | speak 말하다 | flute 플루트
play ~운동(경기를)하다 | baseball 야구

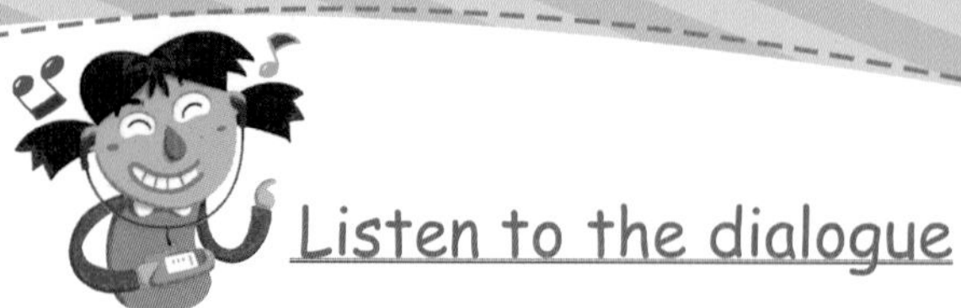

# 10. Can you play the piano?

Mike: Can you play the piano?

Sally: Yes, I can.

Mike: Can you play the violin, too?

Sally: Yes, I can. But I can't play very well.

Mike: Anyway, you're great.

can ~할 수 있다 | play 연주하다 | piano 피아노 | violin 바이올린 | too 또한, ~도
but 그러나 | can't (=can not) ~ 할 수 없다 | well 잘 | anyway 어쨌든 | great 대단한, 멋진

## 이런 뜻이에요

Mike: 너는 피아노를 칠 수 있니?

Sally: 응, 할 수 있어.

Mike: 너는 바이올린도 켤 수 있니?

Sally: 응, 할 수 있어. 하지만 나는 아주 잘 켜지는 못해.

Mike: 어쨌든 대단하다.

### 기본표현

- **Can you play the piano?** : Can you ~?는 '너는 ~를 할 수 있니?'라고 묻는 표현이에요. '악기를 연주하다'라고 말할 때는 「play the + 악기 이름」이라고 표현해요.

**조동사란?**

조동사는 동사의 뜻을 돕는 말이에요. 따라서 조동사는 동사 앞에 놓여 문장의 표현이 보다 완벽해지도록 도와주어요. 예를 들어서 '나는 수영을 한다(I swim.)'라는 문장을 '나는 수영을 할 수 있다(I can swim.)'라는 문장으로 만들면 그 뜻이 보다 명확해져요.

* 그 밖의 조동사로는 'must, will, may' 등이 있어요.

- must ~해야 한다 You must do your homework. 넌 네 숙제를 해야 한다.
- will ~할 것이다 I will play a song. 나는 노래를 할 것이다.
- may ~해도 된다 You may have dessert. 넌 후식을 먹어도 된다.

- **Yes, I can.** : Can you ~?라는 물음에 대한 긍정의 대답이에요. 부정의 대답은 No, I can't.라고 말해요.

- **But I can't play very well.** : can의 부정은 can not 또는 can't를 써요.

# 듣기 | Listening Test

**1** 들려주는 단어를 그림으로 알맞게 나타낸 것을 고르세요.

**2** 대화를 잘 듣고, 소라가 할 수 있는 운동을 고르세요.

**3** 그림을 보고, 그림의 내용에 가장 어울리는 대화를 고르세요.

❶ ☐ ❷ ☐ ❸ ☐ ❹ ☐

# Unit 11 제안하기

## 꼭 알아야 할 표현들

### 1 제안하기

- Let's play soccer. 우리 축구하자.
- What / How about playing soccer?
  축구하는 거 어때?
- Shall we play soccer? 우리 축구할까?
- Shall we meet at three? 우리 3시에 만날까?

### 2 대답하기

수락
- Sure. / OK. / No problem. 좋아, 문제없어.
- Sounds good. 좋아.
- Good idea. 좋은 생각이야.

거절
- No, let's not. 아니, 하지 말자.
- Sorry, I can't. 미안하지만 안 돼.

단어와 어구

What(How) about ~? ~가 어때? | soccer 축구 | Shall we ~? 우리 ~할까?
meet 만나다 | at ~(시)에 | three 셋, 3 | problem 문제 | sound ~하게 들리다

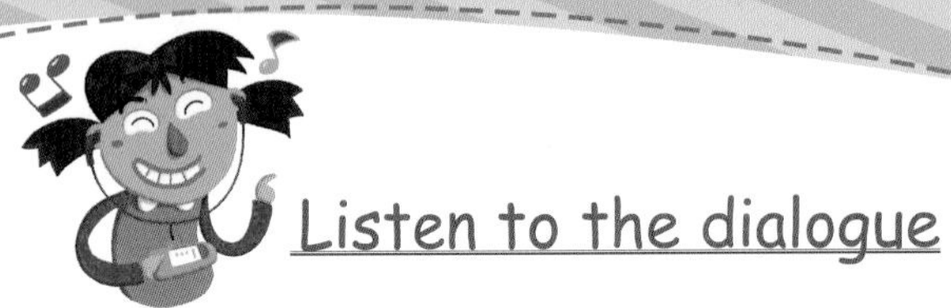

# 11. Let's play cards.

Mike: I'm bored.

Sally: Me too.

Mike: Aha! I have a good idea. Let's play cards.

Sally: That's a good idea.

bored 심심한 | have 가지다, 있다 | good 좋은 | idea 생각 | let's ~하자
play cards 카드 놀이하다

## 이런 뜻이에요

Mike: 나는 심심해.

Sally: 나도.

Mike: 아하! 좋은 생각이 있어. 우리 카드놀이하자.

Sally: 좋은 생각이야.

## 기본표현

- **I'm bored.** : 자신의 감정 상태를 표현한 말이에요. 행복할 때는 I'm happy. 라고 하고, 슬플 때는 I'm sad.라고 표현할 수 있어요.
- **Me too.** : 상대방의 말에 동의하는 표현이에요. 여기에서는 I'm bored, too. 라고 표현할 수도 있어요.
- **Aha! I have a good idea.** : 갑자기 좋은 생각이 떠올랐을 때 쓸 수 있는 표현이에요.

tip 말을 하다가 깜짝 놀라거나 아쉬울 때, 또는 기쁘거나 슬플 때 등 사람의 감정을 대변하는 짧은 말들이 불쑥 튀어나옵니다. 우리는 이런 말을 감탄사라고 불러요. 놀랐을 때는 'Oh, Oops', 슬프거나 안타까울 때는 'Alas, Oh', 너무 기쁠 때는 'Wow, Bravo'라고 해요.

- **Let's play cards.** : Let's ~는 '우리 ~하자.'라고 제안하는 표현이에요.
- **That's a good idea.** : Let's ~에 대한 수락의 표현이에요.

# 듣기 | Listening Test

## 1 들려주는 단어를 그림으로 알맞게 나타낸 것을 고르세요.

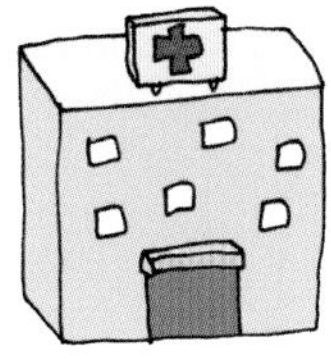

❷ 

❸ 

❹ 

## 2 대화를 잘 듣고, 아이들이 하게 될 일을 고르세요.

❶ 

❷ 

❸ 

❹ 

## 3 그림을 보고, 그림의 내용에 가장 어울리는 대화를 고르세요.

 ❷ ☐  ❹ ☐

# Unit 12 일반동사의 부정문과 의문문 (3인칭)

## 꼭 알아야 할 표현들

### 1 일반동사 부정문(3인칭)

- He eats fish. → He doesn't eat fish.
  그는 생선을 먹는다. → 그는 생선을 먹지 않는다.
- Sandy wants milk. → Sandy doesn't want milk.
  샌디는 우유를 원한다. → 샌디는 우유를 원하지 않는다.
- It has many leaves. → It doesn't have many leaves.
  그것은 잎이 많이 있다. → 그것은 잎이 많이 있지 않다.

### 2 일반동사 의문문(3인칭)

- He likes fish. → Does he like fish?
  그는 생선을 좋아한다. → 그는 생선을 좋아하니?
- Sandy wants milk. → Does she want milk?
  샌디는 우유를 원한다. → 그녀는 우유를 원하니?
- It has many leaves. → Does it have many leaves?
  그것은 잎이 많이 있다. → 그것은 잎이 많이 있니?

단어와 어구

eat 먹다 | fish 생선, 물고기 | want 원하다 | milk 우유 | have 가지고 있다

# 12. He doesn't do his homework.

Sally: Tom isn't a good student.

Mike: Why do you think so?

Sally: He doesn't always do his homework.

good 좋은 | student 학생 | why 왜 | think 생각하다 | so 그렇게 | always 항상 | do 하다 | his 그의 | homework 숙제

## 이런 뜻이에요

Sally: 탐은 좋은 학생이 아니야.

Mike: 왜 그렇게 생각하니?

Sally: 그는 항상 숙제를 하지 않아.

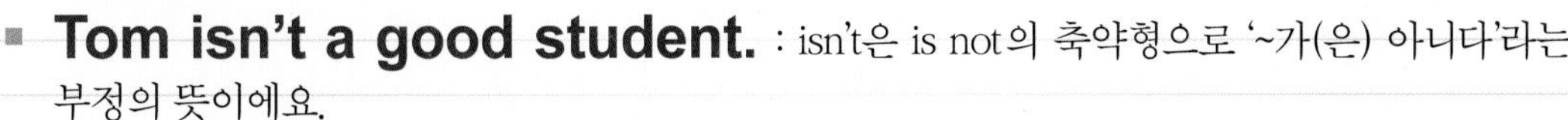

■ **Tom isn't a good student.** : isn't은 is not의 축약형으로 '~가(은) 아니다'라는 부정의 뜻이에요.

be동사는 다른 동사와는 달리 좀 특이해서 주어와 붙여서 줄일 수가 있어요. 일상생활에서 얘기할 때는 이렇듯 줄임말을 더 많이 사용합니다.

- I am - I'm
- You are - You're
- He is - He's
- She is - She's
- We are - We're
- They are - They're
- It is - It's

■ **Why do you think so?** : 상대방이 왜 그렇게 생각하는지 그 이유를 묻는 표현이에요.

■ **He doesn't always do his homework.** : doesn't은 does not의 축약형으로 부정의 뜻이에요. doesn't는 주어가 he나 she, it일 때 사용되며, doesn't 다음에는 항상 동사의 원형이 와요.

# 듣기 | Listening Test

**1** 들려주는 단어를 그림으로 알맞게 나타낸 것을 고르세요.

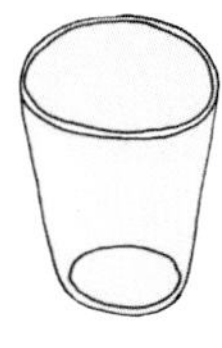
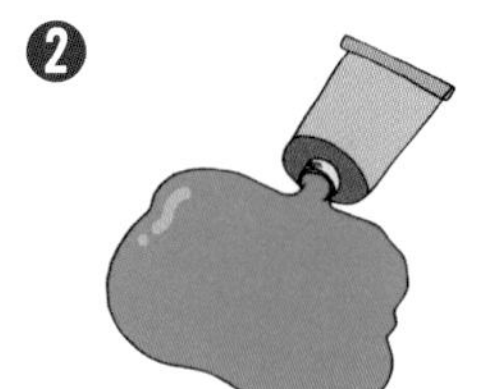

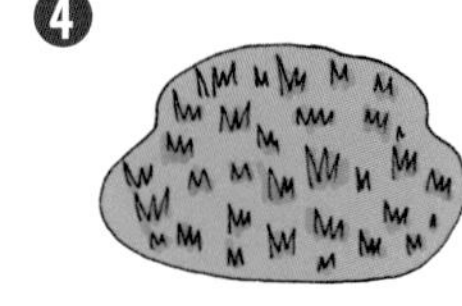

**2** 들려주는 표현을 그림으로 알맞게 나타낸 것을 고르세요.

**3** 그림을 보고, 그림의 내용에 가장 어울리는 대화를 고르세요.

# Unit 13 수량을 나타내는 표현

## 꼭 알아야 할 표현들

### 1 수량을 물어보는 표현

수
- How many books do you have?
  너는 책이 얼마나 있니?
- How many movies do you watch?
  너는 영화를 얼마나 봤니?

양
- How much is this? 이것은 얼마죠?
- How much money do you have?
  너는 돈이 얼마나 있니?
- How much juice do you drink?
  너는 주스를 얼마나 마시니?

### 2 number(수)

| | | | |
|---|---|---|---|
| 1 one | 2 two | 3 three | 4 four |
| 5 five | 6 six | 7 seven | 8 eight |
| 9 nine | 10 ten | 11 eleven | 12 twelve |
| 13 thirteen | 14 fourteen | 15 fifteen | 16 sixteen |
| 17 seventeen | 18 eighteen | 19 nineteen | 20 twenty |

book 책 | movie 영화 | much 많은 | money 돈 | juice 주스 | drink 마시다

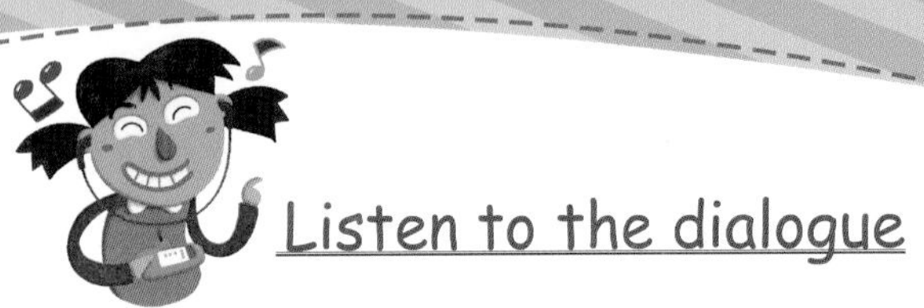

# 13. How many pencils do you have?

Sally: How many pencils do you have?

Mike: I have six pencils.

Sally: Can you lend me two?

Mike: Of course. Here you are.

How 얼마나 | many 많은 | pencil 연필 | lend 빌려주다 | here 여기에

## 이런 뜻이에요

Sally: 연필 몇 개 있니?

Mike: 여섯 개 가지고 있어.

Sally: 나에게 두 개 빌려 줄래?

Mike: 물론이야. 여기 있어.

## 기본표현

- **How many pencils do you have?** : How many ~?는 물건의 개수를 물어보는 표현이에요.
- **I have six pencils.** : 자기가 몇 개를 가지고 있는지 대답하고 있어요.

tip 수를 나타내는 말을 익혀보아요.

| 숫자 | 개수를 세는 말 | 순서를 나타내는 말 | 해석 | 숫자 | 개수를 세는 말 | 순서를 나타내는 말 | 해석 |
|---|---|---|---|---|---|---|---|
| 1 | one | first | 첫 번째 | 2 | two | second | 두 번째 |
| 3 | three | third | 세 번째 | 4 | four | fourth | 네 번째 |
| 5 | five | fifth | 다섯 번째 | 6 | six | sixth | 여섯 번째 |
| 7 | seven | seventh | 일곱 번째 | 8 | eight | eighth | 여덟 번째 |
| 9 | nine | ninth | 아홉 번째 | 10 | ten | tenth | 열 번째 |

- **Can you lend me two?** : 상대방에게 물건을 빌려줄 수 있는지 물어보는 표현이에요.
- **Of course.** : 상대방의 제안이나 부탁을 흔쾌히 수락하는 표현이에요.
- **Here you are.** : 어떤 물건을 건네면서 쓰는 표현이에요.

# 듣기 | Listening Test

**1** 들려주는 단어를 그림으로 알맞게 나타낸 것을 고르세요.

❶ 13 ❷ 15 ❸ 16 ❹ 18

**2** 들려주는 표현을 그림으로 알맞게 나타낸 것을 고르세요.

**3** 그림을 보고, 그림의 내용에 가장 어울리는 대화를 고르세요.

# Unit 14 시간 묻고 답하기

## 꼭 알아야 할 표현들

### 1 때에 따른 인사하기

| | |
|---|---|
| 시각 묻기 | What time is it?<br>What's the time?<br>Do you have the time? |
| 정각 말하기 | It's nine o'clock.<br>It's nine (o'clock) sharp. |
| 몇 시 몇 분 말하기 | It's 2 : 10. / It's two ten.<br>It's ten past(after) two. |
| 몇 시 몇 분 전 말하기 | It's 1 : 50. / It's one fifty.<br>It's ten to two. |
| 분을 대신하는 표현 | a half 30분 / a quarter 15분<br>three quaters 45분 |

### 2 숫자 익히기

21 twenty-one
31 thiry-one
41 forty-one
51 fifty-one

29 twenty-nine
39 thirty-nine
49 forty-nine
59 fifty-nine

30 thirty
40 forty
50 fifty
60 sixty

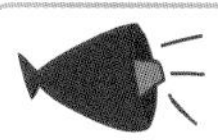

**단어와 어구**

o'clock ~시(정각) | sharp 날카로운, 뚜렷한 | past 지나간 | half 절반(1/2) | quarter 1/4

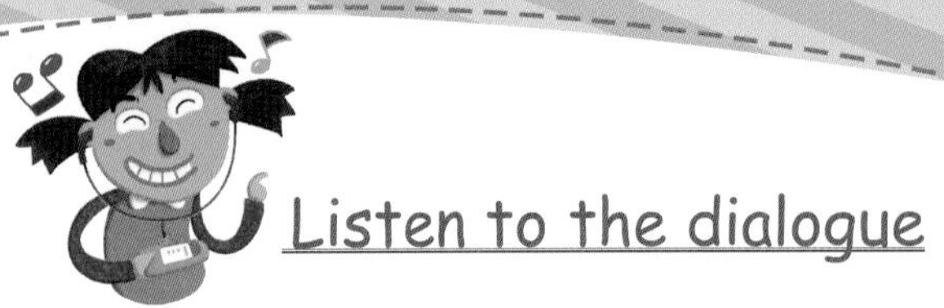


# 14. What time is it now?

Sally: What time is it now, Mike?

Mike: It's 8:30. We are late.

Sally: Let's hurry up.

time 시간 | now 지금 | late 늦은 | let's ~하자 | hurry up 서두르다

## 이런 뜻이에요

 Sally: 지금 몇 시니, 마이크.

 Mike: 8시 30분이야. 우리 늦었어.

 Sally: 서두르자.

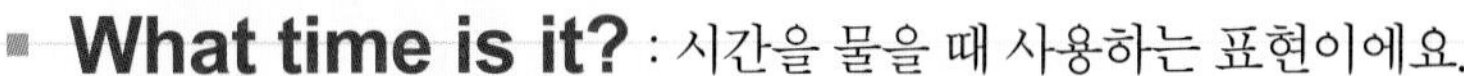

- **What time is it?** : 시간을 물을 때 사용하는 표현이에요.
- **It's 8:30.** : 시각을 말할 때는 시와 분을 연속으로 말해요. 이때의 It은 시각이나 날씨 등을 나타낼 때 쓰이는 말로서, 어떤 특정한 뜻을 표현하지는 않아요.

tip 시간을 영어로 읽는 법을 배워 보아요. 앞에서 배운 숫자들은 잘 기억하고 있겠지요?

- three o'clock 3시
- three oh five 3시 5분
- three fifteen 3시 15분
- three thirty 3시 30분
- three forty-five 3시 45분

- **We are late.** : 어떤 정해진 시각에 늦었을 경우에 하는 말이에요.
- **Let's hurry up.** : Let's는 상대방에게 '~하자'라고 제안하는 말이에요.

# 듣기 | Listening Test

**1** 들려주는 대화를 그림으로 알맞게 나타낸 것을 고르세요.

❶ 
❷ 
❸ 
❹ 

**2** 들려주는 대화를 그림으로 알맞게 나타낸 것을 고르세요.

❶ 
❷ 
❸ 
❹ 

**3** 대화를 잘 듣고, 현재의 시각으로 알맞은 것을 고르세요.

❶ 2 : 10　　❷ 2 : 15　　❸ 1 : 45　　❹ 3 : 15

# Unit 15 의문사

## 꼭 알아야 할 표현들

### 1 의문대명사

who 누가 / what 무엇 / when 언제 / where 어디
how 어떻게(얼마나) / why 왜

### 2 의문대명사로 묻고 대답하기

A : Who is he? 그는 누구니?
B : He is my cousin. 그는 내 사촌이야.

A : What's this? 이건 뭐야?
B : It is an eraser. 그것은 지우개야.

A : When is your birthday? 생일이 언제니?
B : It's May 8th. 5월 8일이야.

A : How are you? 어떻게 지내니?
B : I'm great. 잘 지내.

A : Why are you crying? 왜 울고 있니?
B : Because I'm lost. 길을 잃어버렸기 때문이에요.

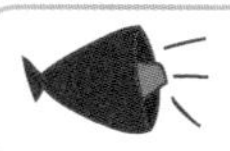

## 단어와 어구

cousin 사촌 | eraser 지우개 | birthday 생일 | May 5월 | home 집 | great 좋은
because ~때문에 | lost 길 잃은

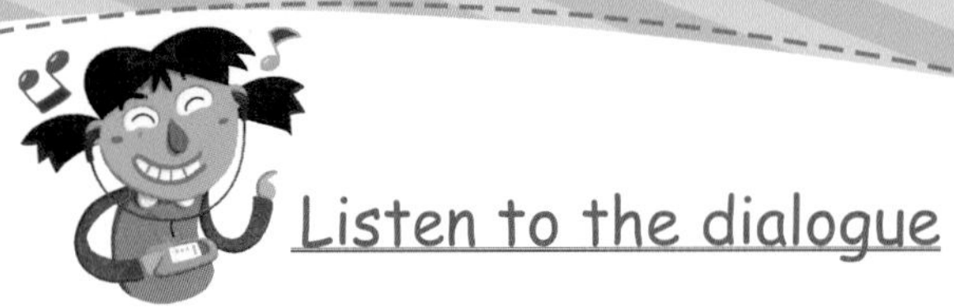

# 15. Who broke it?

Mike: Why are you so angry?

Sally: My vase is broken.

Mike: Oh, no! Who broke it?

Sally: Nobody knows.

why 왜 | so 매우 | angry 화난 | break(-broke-broken) 깨뜨리다
nobody 그 누구도 ~않다 | know 알다

## 이런 뜻이에요

Mike: 왜 그렇게 화가 났니?

Sally: 내 꽃병이 깨졌어.

Mike: 오, 그래. 누가 그것을 깼니?

Sally: 아무도 몰라.

### 기본표현

- **Why are you so angry?** : why는 '왜'라고 이유를 묻는 표현으로, Why are you ~?하면, 상대방에게 왜 그런 상태인지를 묻는 표현이 돼요.

tip 무엇인가를 물을 때 사용하는 의문사에는 어떤 것들이 있는지 알아보아요.

| 의문사 | 뜻 | 예문 | 해석 |
|---|---|---|---|
| who | 누구 | Who are you? | 넌 누구니? |
| what | 무엇 | What is this? | 이것은 뭐니? |
| where | 어디에 | Where are you going? | 어디 가니? |
| when | 언제 | When did you buy your pants? | 바지 언제 샀니? |
| how | 어떻게 | How are you? | 어떻게 지내세요? |
| why | 왜 | Why are you so upset? | 왜 그렇게 화난 거니? |

- **My vase is broken.** : is broken은 깨져 있는 상태를 표현하는 말이에요.
- **Who broke it?** : who는 '누가'라는 대상을 묻는 표현이에요.
- **Nobody knows.** : I don't know. '잘 모르겠어.'라고도 표현할 수도 있어요.

# 듣기 | Listening Test

**1** 들려주는 단어를 그림으로 알맞게 나타낸 것을 고르세요.

❶ 

❷ 

❸ 

❹ 

**2** 들려주는 대화를 그림으로 알맞게 나타낸 것을 고르세요.

❶ 

❷ 

❸ 

❹ 

**3** 그림을 보고, 그림의 내용에 가장 어울리는 대화를 고르세요.

❷ ☐

# Unit 16 날씨를 나타내는 표현

## 꼭 알아야 할 표현들

### 1 날씨 묻기: 날씨가 어떠니?

- How's the weather?
- What's the weather like?

A : Is it hot today? 오늘 덥니?

B : Yes, it is. 응, 그래.

### 2 날씨와 기온 나타내기

- It's sunny(=fine). 날씨가 화창해요.
- It's rainy(=raining). 비가 내려요.
- It's cloudy. 흐려요.
- It's snowy(=snowing). 눈이 내려요.
- It's windy. 바람이 불어요.
- It's foggy. 안개가 꼈어요.
- It's warm. 따뜻해요. / It's hot. 더워요.
- It's cool. 시원해요. / It's cold. 추워요.

hot 더운, 뜨거운 | cloudy 구름 낀, 흐린 | snowy 눈 내리는 | windy 바람 부는
foggy 안개 낀 | warm 따뜻한 | cool 시원한 | cold 추운

MP3

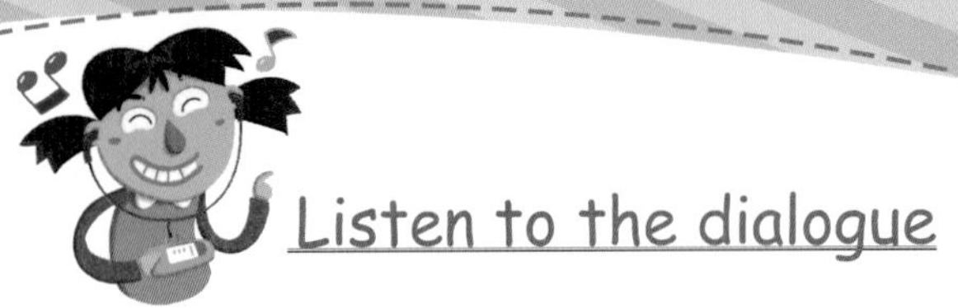


# 16. How's the weather today?

Sally: How's the weather today?

Mike: It's raining all day.

Sally: What's the weather like tomorrow?

Mike: It will be sunny.

Sally: OK. Let's go to the zoo tomorrow.

weather 날씨 | today 오늘 | rain 비가 오다 | tomorrow 내일 | sunny 맑은 | zoo 동물원

## 이런 뜻이에요

 Sally: 오늘 날씨가 어때?

 Mike: 하루 종일 비가 와.

 Sally: 내일은 날씨가 어떠니?

 Mike: 화창할 거야.

 Sally: 그래. 내일 동물원에 가자.

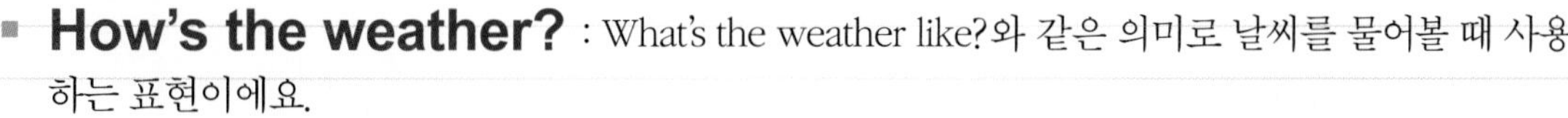

- **How's the weather?** : What's the weather like?와 같은 의미로 날씨를 물어볼 때 사용하는 표현이에요.
- **It's raining all day.** : It's raining.은 비가 오는 상태를 표현하는 말이에요.
- **It will be sunny.** : 미래의 날씨를 표현하는 말로, will be는 '~일 것이다'라는 뜻이에요.
- **Let's go to the zoo tomorrow.** : Let's는 Let us를 줄인 말로, 상대방에게 제안이나 권유를 할 때 많이 사용해요.

동물원에는 어떤 동물들이 있을까요?

lion 사자 | giraffe 기린 | deer 사슴 | zebra 얼룩말 | koala 코알라 | rabbit 토끼 | alligator 악어
camel 낙타 | elephant 코끼리 | dolphin 돌고래 | horse 말 | monkey 원숭이 | hippo 하마 | whale 고래
fox 여우 | snake 뱀 | tiger 호랑이 | bear 곰 | owl 올빼미 | eagle 독수리 | peacock 공작 | bat 박쥐
hawk 매 | swan 백조

# 듣기 | Listening Test

**1** 들려주는 표현을 그림으로 알맞게 나타낸 것을 고르세요.

**2** 들려주는 대화를 그림으로 알맞게 나타낸 것을 고르세요.

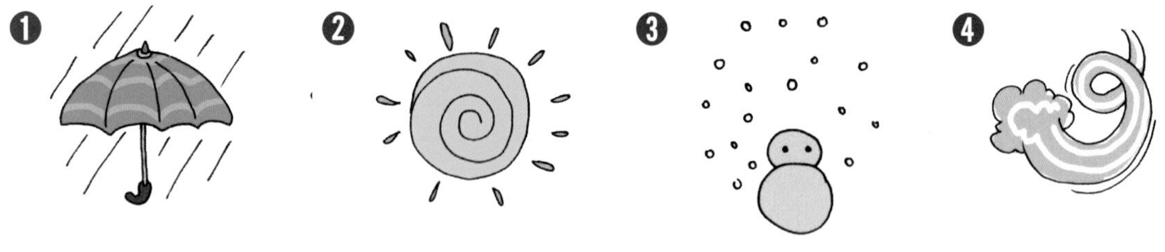


**3** 그림을 보고, 그림의 내용에 가장 어울리는 대화를 고르세요.

# Unit 17 나이와 키 묻고 답하기

## 꼭 알아야 할 표현들

### 1 나이와 키 묻고 답하기

A : How old are you? / What's your age? 몇 살이니?
B : I am eleven years old. 11살이야.

A : How tall are you? / what's your height? 키가 몇이니?
B : I'm 145 cms tall. / My height is 145 in centimeters.
145cm야.

### 2 숫자 익히기

60 sixty 70 seventy 80 eighty
90 ninety 100 hundred
106 one hundred (and) six
135 one hundred (and) thirty-five
279 two hundred (and) seventy-nine
834 eight hundred (and) thirty-four

tall 키 큰 | height 높이, 키 | centimeter(cm) 센티미터

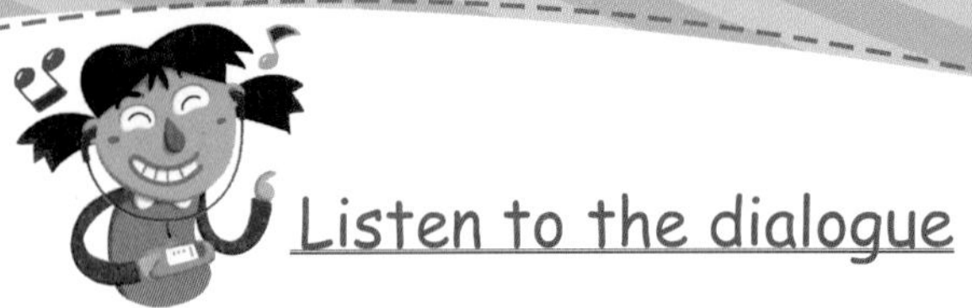

# 17. How old are you?

Sally: How old are you?

Mike: I am eleven years old. How about you?

Sally: Same as yours.

Mike: Really? We are the same age then.

old 나이든 | year 년, 해 | same 같은 | age 나이

## 이런 뜻이에요

 Sally: 몇 살이니?

 Mike: 나는 11살이야. 너는 어때?

 Sally: 너랑 나이가 같아.

 Mike: 정말? 우리는 동갑이야.

- **How old are you?** : (=What's your age?) 나이를 물을 때 사용하는 표현이에요. 제 3자의 나이를 물을 때는 How old is he / she?라고 물으면 돼요.
- **I'm eleven years old.** : 나이를 말할 때 사용하는 표현이에요. 그냥 숫자로 Eleven. = I'm eleven. = Eleven years old. 이렇게 표현하기도 해요.
- **How about you?** : 상대방이 한 질문과 동일한 질문을 할 때 반복을 피하기 위해 쓰는 표현이에요.
- **Same as yours.** : 상대방의 나이와 같다는 것을 나타내는 말이에요.
- **We are the same age.** : 서로 나이가 같다는 것을 표현하고 있어요.

tip 일 년은 열두 달, 1~12월까지를 영어로 알아보아요.

- January 1월
- February 2월
- March 3월
- April 4월
- May 5월
- June 6월
- July 7월
- August 8월
- September 9월
- October 10월
- November 11월
- December 12월

# 듣기 | Listening Test

**1** 들려주는 표현을 그림으로 알맞게 나타낸 것을 고르세요.

❶ 64 ❷ 74 ❸ 57 ❹ 75

**2** 들려주는 표현을 그림으로 알맞게 나타낸 것을 고르세요.

❶ 

❷ 

❸ 

❹ 

**3** 그림을 보고, 그림의 내용에 가장 어울리는 대화를 고르세요.

❶ ☐ ❷ ☐ ❸ ☐ ❹ ☐

# Unit 18 형용사

## 꼭 알아야 할 표현들

### 여러 가지 형용사

| | | | |
|---|---|---|---|
| 색 | white 하얀 | black 검은 | yellow 노란 |
| | red 빨간 | green 녹색의 | orange 오렌지색 |
| | purple 보라 | brown 갈색 | pink 분홍색 |
| 모양 | big / large 큰 | small 작은 | tall 키 큰 |
| | long 긴 | short 짧은, 키가 작은 | old 나이 든 |
| | young 어린 | pretty 예쁜 | beautiful 아름다운 |
| | cute 귀여운 | ugly 못생긴 | fat 뚱뚱한 |
| | heavy 무거운 | light 가벼운 | thin 가는, 날씬한 |
| | thick 두꺼운 | | |
| 성질 | soft 부드러운 | hard 딱딱한 | cool 시원한 |
| | hot 뜨거운 | warm 따뜻한 | cold 찬 |

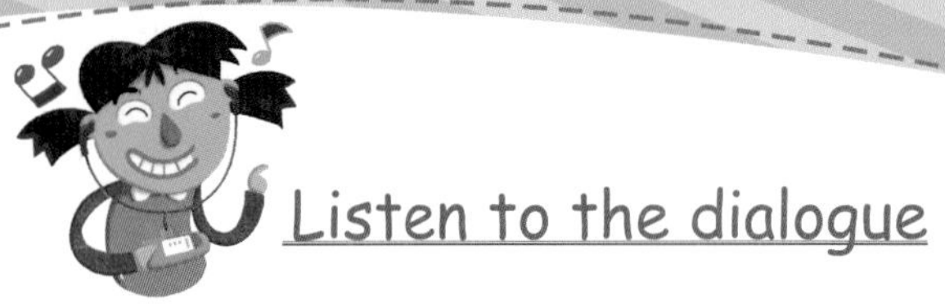

# 18. What does your father look like?

Mike: What does your father look like?

Sally: He is very tall and handsome.

Look at the picture.

Mike: Is your father a police officer?

Sally: Yes, he is.

Mike: Wow, he is wearing a nice uniform.

look like ~처럼 보이다 | handsome 잘생긴 | police officer 경찰 | wear 입다 | nice 멋진 | uniform 유니폼

## 이런 뜻이에요

 Mike: 너의 아버지는 어떻게 생기셨니?

 Sally: 그는 매우 키가 크고 잘생기셨어. 사진을 봐.

 Mike: 너의 아빠는 경찰관이시니?

 Sally: 그래. 경찰관이셔.

 Mike: 와, 멋진 제복을 입고 계시네.

- **What does your father look like?** : 제3자의 외모를 물어보는 표현은 What does ~look like?라고 말해요.
- **He is very tall and handsome.** : 남자의 외모를 표현하는 말이에요.

학교에서 어떤 친구들과 친하고 누구를 좋아하나요? 친구의 성격, 외모 등을 나타내는 표현들을 알아보아요.

- He is a bright boy. 그 애는 명랑한 소년이야.
- He is a meek child. 그 애는 착한 애야.
- He's ugly. 그 애는 못생겼어.
- He's rough. 그 애는 사나워.
- She is plain. 그 여자애는 평범해.
- She is quiet and shy. 그녀는 조용하고 수줍어해.

- **Look at the picture.** : 이렇게 지시하는 말을 할 때는 주어 없이 동사로 문장을 시작해요.
- **Is your father a police officer?** : 직업을 확인하는 표현이에요.
- **Wow, he is wearing a nice uniform.** : 제3자가 어떤 옷을 입고 있는지를 표현하는 말이에요.

# 듣기 | Listening Test

## 1 들려주는 단어를 그림으로 알맞게 나타낸 것을 고르세요.

## 2 들려주는 대화를 그림으로 알맞게 나타낸 것을 고르세요.

## 3 그림을 보고, 그림의 내용에 가장 어울리는 표현을 고르세요.

# Unit 19 출신지 묻기와 직업 묻기

## 꼭 알아야 할 표현들

### 1 출신지 묻기와 답하기

- Where are you from? / Where do you come from?
  너는 어디 출신이니?
- I'm from China. 나는 중국에서 왔어.
- I come from America. 나는 미국에서 왔어.

A : Where is John from? 존은 어디 출신이니?
B : He is from England. 그는 영국에서 왔어.

### 2 직업 묻기와 답하기

- What do you do? / What's your job [occupation] ?
  너의 직업은 무엇이니?
- I'm a farmer. 나는 농부야.
- I'm a cook. 나는 요리사야.

A : What does she do? / What's her job?
그녀의 직업은 무엇이니?
B : She is a writer. 그녀는 작가야.
B : She is a musician. 그녀는 음악가야.

come 오다 | China 중국 | America 미국 | England 영국 | job 직업, 일 | farmer 농부
cook 요리사 | writer 작가 | musician 음악가

# 19. Where are you from?

Yu-mi: Hi, I'm Yu-mi. Where are you from?

Bob: I'm from Canada.

Yu-mi: Nice to meet you.

Bob: Nice to meet you, too. I'm Bob.
And that is my father.

Yu-mi: He is taking pictures of the palace.
What does he do?

Bob: He is a photographer.

where 어디에 | be from ~출신이다, ~에서 오다 | Canada 캐나다 | nice 좋은, 기쁜
meet 만나다 | too ~도 역시 | that 저 사람, 저분, 저것 | father 아버지

 Yu-mi: 안녕, 내 이름은 유미야. 너는 어디에서 왔니?

 Bob: 나는 캐나다에서 왔어.

 Yu-mi: 만나서 반가워.

 Bob: 나도 만나서 반가워. 내 이름은 밥이야.
그리고 저분은 내 아버지셔.

 Yu-mi: 그는 궁궐의 사진을 찍고 있네. 그의 직업은 뭐니?

 Bob: 그는 사진작가이셔.

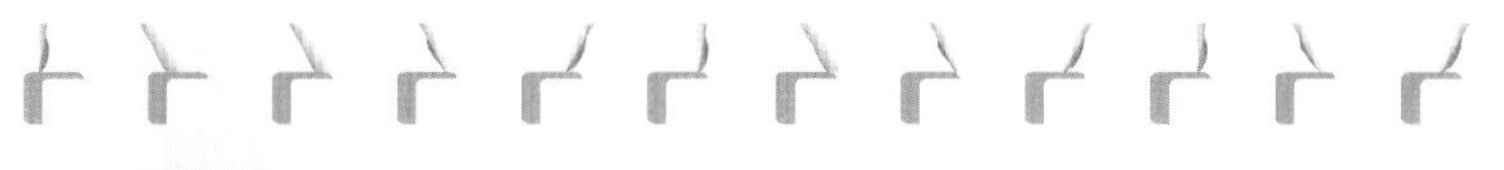

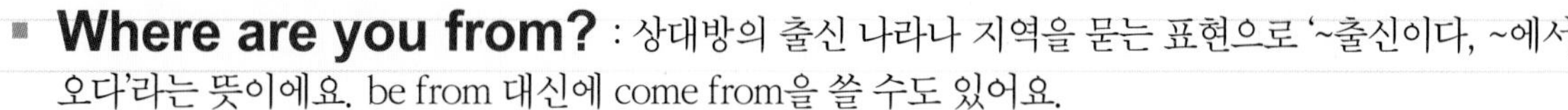

- **Where are you from?** : 상대방의 출신 나라나 지역을 묻는 표현으로 '~출신이다, ~에서 오다'라는 뜻이에요. be from 대신에 come from을 쓸 수도 있어요.
- **I'm from Canada.** : 자신의 출신지를 밝히는 표현이에요.
- **He is taking pictures of the palace.** : 현재 하고 있는 일에 대해 말할 때는 「be동사 + 일반동사의 진행형(-ing)」으로 표현해요.
- **What does he do?** : 제3자의 직업을 묻는 표현이에요.
- **He is a photographer.** : 제3자의 직업을 표현하는 말이에요.

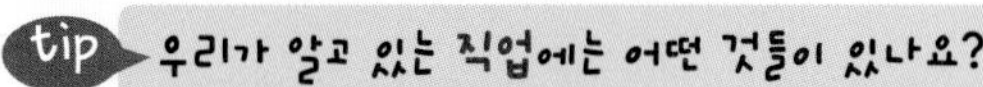

tip 우리가 알고 있는 직업에는 어떤 것들이 있나요?

teacher 선생님 | doctor 의사 | nurse 간호사 | fireman 소방관 | singer 가수 | writer 작가
technician 기술자 | anchor 앵커 | chef 요리사 | hairdresser 미용사 | scientist 과학자 | soldier 군인
farmer 농부 | fisherman 어부 | sailor 선원 | reporter 기자 | pilot 조종사 | painter 화가
office worker 회사원 | mailman 우체부 | lawyer 변호사 | musician 음악가 | entertainer 연예인

# 듣기 | Listening Test

**1** 들려주는 대화를 그림으로 알맞게 나타낸 것을 고르세요.

❶ 
❷ 
❸ 
❹ 

**2** 들려주는 대화를 그림으로 알맞게 나타낸 것을 고르세요.

❶ 
❷ 
❸ 
❹ 

**3** 대화를 잘 듣고, 대화의 흐름이 자연스럽지 <u>못한</u> 것을 고르세요.

   ❹ ☐

# Unit 20 사실 확인과 대답

## 꼭 알아야 할 표현들

### 1 사실 확인하기

- When do you usually get up?
  너는 보통 언제 일어나니?
- What time do you usually go to school?
  너는 보통 몇 시에 학교에 가니?
- What do you usually do after dinner?
  너는 보통 저녁 식사 후에 뭘 하니?
- What do you usually do in Sunday(weekend)?
  너는 보통 일요일(주말)에 뭐 하니?

### 2 대답하기

- I usually get up at 6 o'clock. 나는 보통 6시에 일어나.
- I usually go to school at 7:30.
  나는 보통 7시 30분에 학교에 가.
- I usually watch TV(do my homework / read a book / play the piano).
  나는 보통 TV를 봐(숙제를 해 / 책을 읽어 / 피아노를 연주해).

time 시간, 때 | do 하다 | after ~후에 | dinner 저녁 식사 | Sunday 일요일 | weekend 주말
watch TV 텔레비전을 보다 | do my homework 내 숙제를 하다 | read a book 책을 읽다
play the piano 피아노를 연주하다

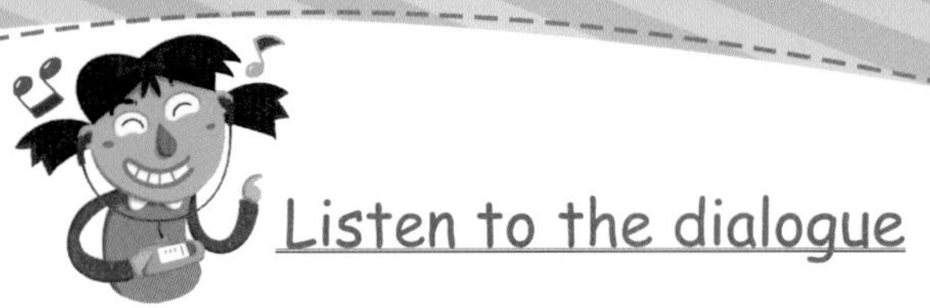

# 20. When do you usually get up?

Yu-mi: When do you usually get up?

Bob: I usually get up at 6 o'clock.

Yu-mi: Then when do you usually go to school?

Bob: I usually go to school at seven thirty.

Yu-mi: Oh, you are very diligent.

when 언제 | usually 보통, 대개 | get up 일어나다 | o'clock ~시 | then 그 다음에, 그러면
go 가다 | school 학교 | very 매우 | diligent 부지런한, 근면한

## 이런 뜻이에요

 Yu-mi: 너는 보통 언제 일어나니?

 Bob: 나는 보통 6시에 일어나.

 Yu-mi: 그럼 너는 보통 언제 학교에 가니?

 Bob: 나는 보통 7시 30분에 학교에 가.

 Yu-mi: 오, 너는 정말 부지런하구나.

## 기본표현

- **When do you usually get up?** : When do you usually ~?는 '너는 보통 언제 ~을 하니?'라고 일상생활에 대한 질문을 하는 표현이에요. When 대신 What time을 써도 같은 뜻이에요.
- **I usually get up at 6 o'clock.** : 시간을 표현할 때는 보통 앞에 전치사 at을 쓰며, 정각을 표현할 때는 숫자 다음에 o'clock을 쓰기도 해요.
- **Oh, you are very diligent.** : diligent는 '부지런한'의 뜻으로 일찍 일어나고, 일찍 학교에 가는 Bob에게 감탄하는 말이에요.

tip 여러 가지 감정과 행동에 대한 표현들을 익혀 보아요.

- Yor're so lucky. 넌 행운이야.
- I feel pity for you. 그거 안됐구나.
- Don't be sad. 슬퍼하지 마.
- I have a chance. 나에겐 기회가 있어.
- I'll take some rest. 나 좀 쉴래.
- I'm angry. 나 화났어.
- Calm down. 진정해요.
- Cheer up. 기운 내.
- Let's try it again. 다시 시도하자.
- Don't hurry. 서두르지 마세요.

# 듣기 | Listening Test

**1** 들려주는 표현을 그림으로 알맞게 나타낸 것을 고르세요.

❶ 

❷ 

❸ 

❹ 

**2** 들려주는 표현을 그림으로 알맞게 나타낸 것을 고르세요.

❶ 

❷ 

❸ 

❹ 

**3** 들려주는 질문에 대한 응답으로 알맞지 않은 것을 고르세요.

❶ I usually watch TV.

❷ I usually eat breakfast.

❸ I usually play the piano.

❹ I usually play computer games.

# Unit 21 현재진행형

## 꼭 알아야 할 표현들

### 1 현재 진행형

「be동사 + 일반동사의 -ing형」의 형태로 be동사는 주어에 따라 달라져요.

- I am doing my homework. 나는 숙제를 하고 있다.
- He is playing baseball. 그는 야구를 하고 있다.
- They are singing a song. 그들은 노래를 하고 있다.

### 2 현재 진행 중인 일 묻고 답하기

- What are you doing? 너 뭐 하고 있니?
- What is he doing? 그는 뭐 하고 있니?

A : Are you cooking? 너 요리하고 있니?
B : Yes, I am. 응, 그래.

A : Is she swimming? 그녀는 수영하고 있니?
B : No, she isn't. 아니, 그렇지 않아.

## 단어와 어구

play (운동을) 하다 | baseball 야구 | sing 노래하다 | song 노래 | cook 요리하다
swim 수영하다

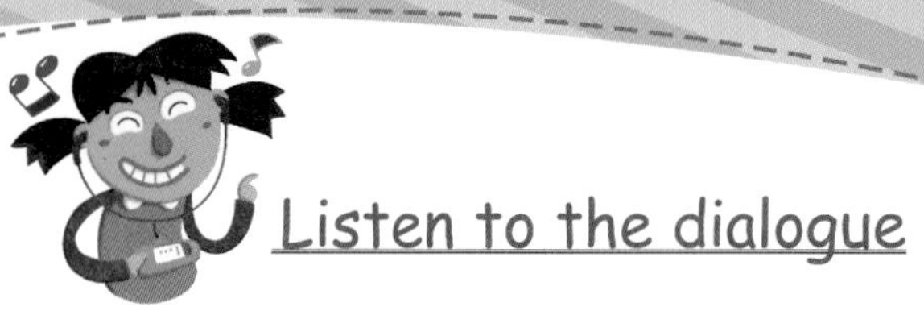

# 21. What are you doing now?

Bob: Hi, Yu-mi. What are you doing now?

Yu-mi: I'm doing my homework.

Bob: Oh, do you? I wanted to play badminton with you.

Yu-mi: Sorry, but I have a lot of homework today.

Bob: I see. Then what is Min-su doing?

Yu-mi: He's studying math. He has a test tomorrow.

now 지금, 현재 | want 원하다 | with ~와 함께 | sorry 미안한 | a lot of 많은 | today 오늘
study 공부하다 | math 수학 | test 시험 | tomorrow 내일

## 이런 뜻이에요

 Bob: 유미야, 안녕. 지금 뭐 하고 있니?

 Yu-mi: 숙제를 하고 있어.

 Bob: 오, 그래? 너랑 배드민턴 치고 싶은데.

 Yu-mi: 미안해. 오늘 숙제가 많아.

 Bob: 알았어. 민수는 뭐 하고 있니?

 Yu-mi: 그는 수학 공부를 하고 있어. 내일 시험이 있거든.

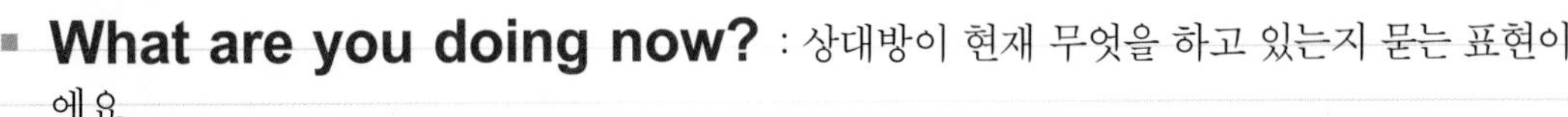

## 기본표현

- **What are you doing now?** : 상대방이 현재 무엇을 하고 있는지 묻는 표현이에요.
- **I'm doing my homework.** : 현재 진행되고 있는 것을 표현할 때는 「be동사+일반동사의 ing형」이 쓰여요.
- **I wanted to play badminton with you.** : '~하고 싶었다'를 표현할 때는 I wanted to ~라고 표현해요.

 여러 가지 스포츠 종류에 대해 알아보아요.

soccer 축구 | basketball 농구 | baseball 야구 | horseback riding 승마 | skiing 스키
archery 양궁 | swimming 수영 | golf 골프 | marathon 마라톤 | boxing 권투
wrestling 레슬링 | tennis 테니스 | Korean wrestling 씨름 | table tennis 탁구

- **What is Min-su doing?** : 3인칭(Min-su)이 주어이므로 be동사로 is가 쓰여요.

# 듣기 | Listening Test

**1** 들려주는 대화를 그림으로 알맞게 나타낸 것을 고르세요.

**2** 들려주는 대화를 그림으로 알맞게 나타낸 것을 고르세요.

**3** 그림을 보고, 알맞은 표현을 고르세요.

# Unit 22 사실 묘사

## 꼭 알아야 할 표현들

### 1 사실묘사

- There is an eraser on the desk. 책상 위에 지우개가 있다.
- There are pencils under the chair.
  의자 아래에 연필들이 있다.

### 2 사실묘사 묻고 답하기

A : Is there a lemon on the table?
탁자 위에 레몬이 있니?

B : Yes, there is. / No, there isn't.
응, 있어. / 아니, 없어.

A : Are there apples in the refrigerator?
냉장고 안에 사과들이 있니?

B : Yes, there are. / No, there aren't.
응, 있어. / 아니, 없어.

A : How many cats are there in the box?
상자 안에 고양이가 몇 마리 있니?

B : There are three cats. 세 마리가 있어.

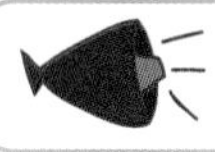

## 단어와 어구

pencil 연필 | chair 의자 | lemon 레몬 | table 테이블, 탁자 | apple 사과 | in ~안에
refrigerator 냉장고 | cat 고양이 | box 상자

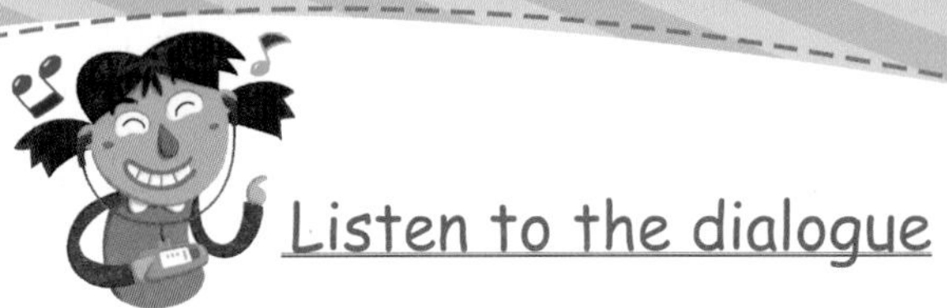

# 22. Is there my eraser on the desk?

Yu-mi: Bob, is there my eraser on the desk?

Bob: No, there isn't.

Yu-mi: Where is my eraser? I can’t find it.

Bob: Let’s look for it together. I found it, Yu-mi!
There is your eraser under the bed!
And there are lots of things, too.

on ~위에 | desk 책상 | where 어디에 | find 찾다, 발견하다 | let’s ~하자 | look for ~을 찾다, 구하다 | together 함께 | lots of 많은 | thing 것, 물건 | under ~아래에 | bed 침대

## 이런 뜻이에요

 Yu-mi: 밥, 책상 위에 내 지우개가 있니?

 Bob: 아니, 없어.

 Yu-mi: 내 지우개가 어디에 있지? 찾을 수가 없네.

 Bob: 함께 그것을 찾아보자. 찾았다 유미야!
침대 밑에 너의 지우개가 있어!
그리고 또한 그 밖에 많은 것들이 있어.

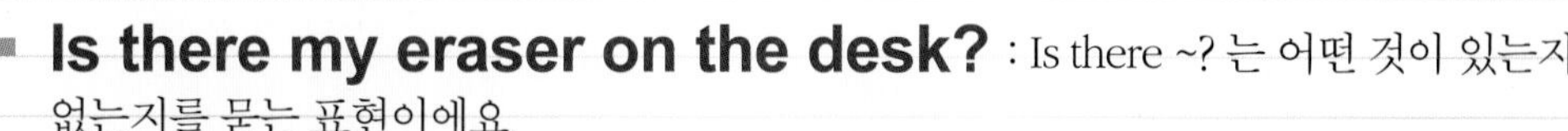

- **Is there my eraser on the desk?** : Is there ~? 는 어떤 것이 있는지 없는지를 묻는 표현이에요.

전치사는 관계를 나타내는 말로 주로 명사 앞에 옵니다. 장소나 시간을 말할 때 주로 쓰이는데 무엇이 있는지 알아보아요.

- in ~안에
- on ~위에
- over ~위에(떠 있는 상태)
- to ~로
- after ~한 후에
- with ~와 함께
- under ~밑에
- behind ~뒤에
- In front of ~앞에
- at ~에

- **Where is my eraser?** : 구체적인 장소를 묻는 표현이에요.
- **Let's look for it together.** : Let's ~. 는 '~해보자'라는 제안의 표현이에요.
- **There is your eraser under the bed.** : 지칭하는 대상이 단수일 때는 there is를 쓰고, 복수일 때는 there are를 써요.

# 듣기 | Listening Test

**1** 들려주는 표현을 그림으로 알맞게 나타낸 것을 고르세요.

❶ 

❷ 

❸ 

❹ 

**2** 들려주는 표현을 그림으로 알맞게 나타낸 것을 고르세요.

❶ 

❷ 

❸ 

❹ 

**3** 그림을 보고, 들려주는 질문에 알맞은 답을 고르세요.

❶ Yes, there is.

❷ No, there isn't.

❸ Yes, there are.

❹ No, there aren't.

# Unit 23 음식 주문하기

## 꼭 알아야 할 표현들

### 1 음식 주문받기

- May I take your order, please? / Would you like to order now? / Are you ready to order?
  주문하시겠어요?
- Would you like anything else? / Anything else?
  그 외에 다른 것은요?
- Something to drink? / Would you like something to drink?
  마실 것은요?
- Is that for here or to go? / For here or to go?
  여기서 드시겠어요, 가지고 가시겠어요?

### 2 음식 주문하기

- I'll have a fried chicken. 저는 프라이드치킨으로 먹겠어요.
- One orange juice, please. 오렌지 주스 주세요.
- No, that's all. 아뇨, 그것만 주세요.

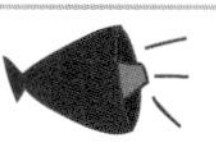

### 단어와 어구

would ~하겠다, ~할까 한다 | now 지금, 현재 | ready 준비된 | something 어떤 것
drink 마시다 | fried chicken 튀김 닭, 프라이드치킨 | all 전부, 전체

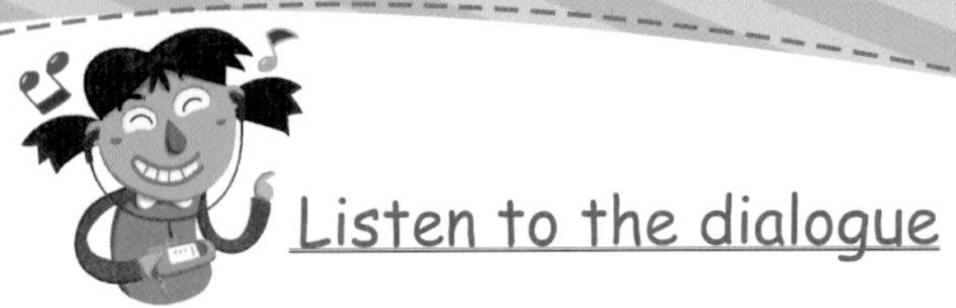


# 23. May I take your order?

Clerk: May I take your order, please?

Bob: Yes. I'd like a hamburger and french fries.

Clerk: Anything else?

Bob: One orange juice, please.

Clerk: For here or to go?

Bob: For here, please.

Clerk: Thank you.

may ~해도 좋다 | take 받다 | order (음식이나 제품의) 주문 | hamburger 햄버거
french fries 감자튀김 | anything 무엇이든지 | else 그 밖의, 그것 이외의

## 이런 뜻이에요

Clerk: 주문을 하시겠어요?

Bob: 예. 햄버거 하나랑 감자튀김 주세요.

Clerk: 다른 것은요?

Bob: 오렌지 주스 하나 주세요.

Clerk: 여기서 드실 건가요, 아니면 가지고 가실 건가요?

Bob: 여기서 먹을 거예요.

Clerk: 감사합니다.

## 기본표현

- **May I take your order, please?** : 음식점에서 주문을 받을 때 쓰이는 표현이에요. please를 붙여 공손한 느낌을 표현해요.
- **I'd like a hamburger and french fries.** : 음식을 주문할 때는 I'd like나 I'll have 뒤에 음식 이름을 넣어 표현해요.
- **Anything else?** : 주문한 음식 외에 '다른 것은 필요 없냐'고 묻는 질문이에요.
- **For here or to go?** : 패스트푸드 점에서 꼭 쓰이는 표현이에요. 가게 안에서 먹을 거면 For here, 가지고 나갈 거면 To go라고 대답해요.

tip 여러분이 좋아하는 음식을 영어로 익혀 보아요.

hamburger 햄버거 | cake 케이크 | biscuit 비스킷 | sausage 소시지 | bread 빵
hot dog 핫도그 | cookie 쿠키 | donut 도넛 | gum 껌 | pizza 피자 | ice cream 아이스크림

# 듣기 | Listening Test

**1** 들려주는 표현을 그림으로 알맞게 나타낸 것을 고르세요.

❶ 
❷ 
❸ 
❹ 

**2** 들려주는 질문에 대한 응답으로 알맞은 것을 고르세요.

❶ Yes, I'm full.
❷ To go, please.
❸ Yes, I'd like a milk shake.
❹ I'm sorry, but I can't help you.

**3** 대화를 잘 듣고, 대화의 내용과 일치하는 그림을 고르세요.

❶ 
❷ 
❸ 
❹ 

# Unit 24 미래시제

## 꼭 알아야 할 표현들

### 1 미래시제

평서문
- I will visit my grandma tomorrow.
  나는 내일 할머니를 방문할 거야.

부정문
- I won't play the piano tomorrow.
  나는 내일 피아노를 치지 않을 거야.

의문문
- Will you go to the library next week?
  너는 다음 주에 도서관에 갈 거니?
- What will you do this weekend?
  너는 이번 주말에 뭐 할 거니?

### 2 be going to의 표현

- I'm going to clean my room tonight.
  나는 오늘 밤 내 방을 청소할 거야.
- She is going to go shopping tomorrow.
  그녀는 내일 쇼핑을 하러 갈 거야.
- Are you going to play baseball tomorrow?
  내일 야구할 거니?
- What are you going to do tonight?
  오늘 밤에 뭐 할 거니?

## 단어와 어구

visit 방문하다 | grandma 할머니 | tomorrow 내일 | library 도서관 | next week 다음 주
this weekend 이번 주말 | play baseball 야구하다 | tonight 오늘 밤

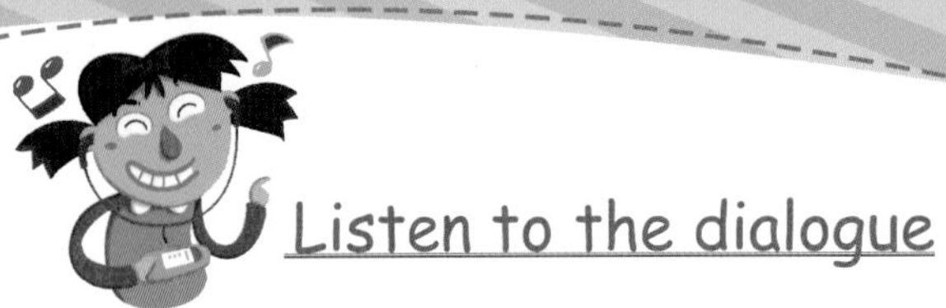

# 24. We will have a birthday party.

Bob: What will you do tomorrow?

Yu-mi: We will have a birthday party.

Bob: A birthday party?

Yu-mi: Yes, tomorrow is Sally's birthday.
Will you come to the party?

Bob: Sure, I'd love to.

will ~할 것이다 | tomorrow 내일 | birthday 생일 | party 파티 | sure 물론, 좋고 말고

## 이런 뜻이에요

 Bob: 내일 뭐 하니?

 Yu-mi: 우리는 생일 파티를 할 거야.

 Bob: 생일 파티?

 Yu-mi: 그래, 내일은 샐리의 생일이거든. 파티에 올래?

 Bob: 물론이야, 좋아.

## 기본표현

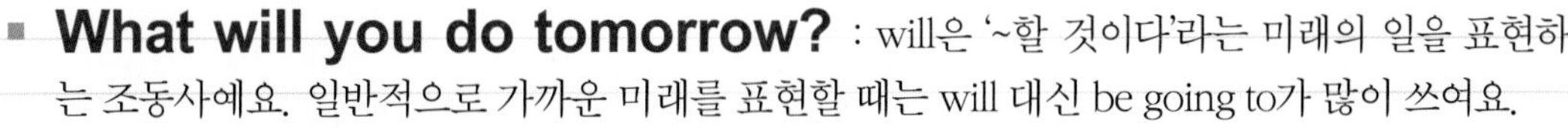

- **What will you do tomorrow?** : will은 '~할 것이다'라는 미래의 일을 표현하는 조동사에요. 일반적으로 가까운 미래를 표현할 때는 will 대신 be going to가 많이 쓰여요.

- **We will have a birthday party.** : 미래의 일을 표현하고 있어요.

tip 우리들이 좋아하는 국경일을 알아보아요.

- New Year's day 설날
- Parent's day 어버이날
- Independence day 광복절
- Thanksgiving day 추석
- Children's day 어린이날
- Teacher's day 스승의 날
- Korean alphabet's day 한글날
- Christmas 성탄절

- **Will you come to the party?** : Will you come to ~? 또는 Would you come to~?는 '~에 올래?'라고 상대방을 초대하는 표현이에요.

- **Sure, I'd love to.** : 상대의 초대나 제안을 흔쾌히 승낙하는 표현이에요.

# 듣기 | Listening Test

**1** 들려주는 표현을 그림으로 알맞게 나타낸 것을 고르세요.

❶ 

❷ 

❸ 

❹ 

**2** 들려주는 표현을 그림으로 알맞게 나타낸 것을 고르세요.

❶ 

❷ 

❸ 

❹ 

**3** 대화를 잘 듣고, 대화의 내용과 맞게 연결된 것을 고르세요.

| | 샐리 | | 민호 |
|---|---|---|---|
| ❶ | 피아노 연주 | - | 축구 |
| ❷ | 피아노 연주 | - | 야구 |
| ❸ | 산책 | - | 숙제 |
| ❹ | 야구 | - | 축구 |

# Unit 25 감탄하기

## 꼭 알아야 할 표현들

### 감탄의 표현

- What a pretty hairpin (it is)! 정말 예쁜 머리핀이야!
- What a big snowman! 정말 큰 눈사람이다!
- What a small snowman! 정말 작은 눈사람이다!
- What a tiny snowman! 정말 아주 작은 눈사람이다!
- What a long bridge! 정말 긴 다리이다!
- What a short bridge! 정말 짧은 다리이다!
- How cute she is! 그녀는 정말 귀여워.
- How nice he is! 그는 정말 착해!
- How kind he is! 그는 정말 친절해!
- How handsome he is! 그는 정말 잘생겼어!
- How ugly he is! 그는 정말 못생겼어!
- How tall she is! 그녀는 정말 키가 커.
- How short she is! 그녀는 정말 키가 작아.

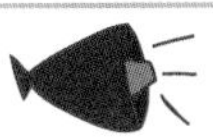

## 단어와 어구

big (형태가) 큰 | small (크기, 모양이) 작은 | tiny 아주 작은 | long (길이가) 긴
short (길이가) 짧은, (키가) 작은 | bridge 다리 | nice 좋은, 다정한 | kind 친절한
handsome 잘생긴 | ugly 못생긴 | tall (키가) 큰

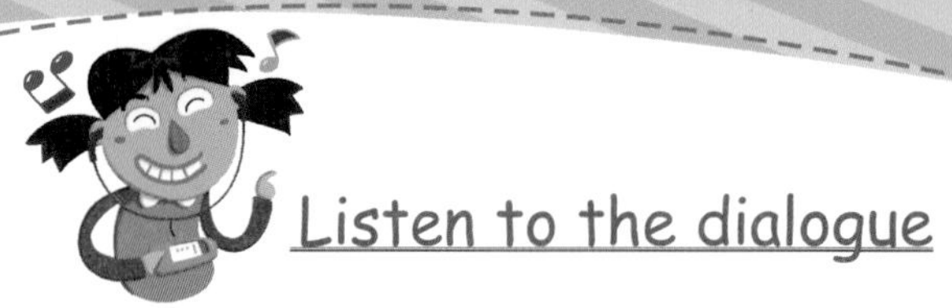

# 25. What a pretty hairpin!

Yu-mi: This is a present for you. I hope you'll like it.

Sally: Wow! What a pretty hairpin! I like it very much.

Bob: And this is for you, too.

Sally: Oh, it's a doll! How cute she is!
Thank you, Yu-mi and Bob.

present 선물 | hope 바라다 | like 좋아하다 | pretty 예쁜 | hairpin 머리핀
cute 귀여운, 작고 예쁜

## 이런 뜻이에요

Yu-mi: 이것은 너를 위한 선물이야.
나는 네가 그것이 마음에 들었으면 좋겠어.

Sally: 와우, 정말 예쁜 머리핀이야! 너무 좋아.

Bob: 이것도 역시 너를 위한 선물이야.

Sally: 오, 인형이네! 정말 귀여워!
고마워, 유미야, 밥아.

## 기본표현

- **This is a present for you.** : 상대방에게 선물을 주면서 하는 표현이에요.
- **I hope you'll like it.** : I hope ~는 '나는 ~하기를 바라다'라는 뜻의 표현이에요. you'll은 you will을 줄인 표현이에요.
- **What a pretty hairpin!** : 감탄을 표현할 때 「What a+형용사+명사!」로 표현해요. What a pretty hairpin it is! 와 같이 뒤에 「주어+동사」를 넣어서 표현할 수도 있어요.

**tip** 예쁜 옷과 액세서리들을 알아보아요.
hat 모자 | necklace 목걸이 | ring 반지 | glove 장갑 | sandals 샌들 | sneakers 운동화 | stockings 스타킹
dress 원피스 | vest 조끼 | shirt 셔츠 | jeans 청바지 | belt 벨트 | coat 코트 | jacket 재킷
shorts 반바지 | necktie 넥타이 | socks 양말 | pajamas 잠옷 | raincoat 비옷

- **How cute she is!** : 이 문장 역시 감탄하는 문장으로 「How+형용사+주어+동사!」의 형식이에요.

# 듣기 | Listening Test

**1** 들려주는 표현을 그림으로 알맞게 나타낸 것을 고르세요.

❶ 

❷ 

❸ 

❹ 

**2** 질문에 대한 응답으로 알맞지 <u>않은</u> 것을 고르세요.

❶ It's very nice.

❷ What a nice hat!

❸ How pretty she is!

❹ What a pretty hat!

 들려주는 표현과 각각의 그림이 일치하지 <u>않은</u> 것을 고르세요.

❶ 

❷ 

❸ 

❹ 

# Unit 26 요일 / 날짜 표현하기

## 1 날짜 쓰기(서수)

대부분 「숫자+th」의 형태로 쓰이지만, 1, 2, 3으로 끝나는 숫자는 다음과 같이 쓰고 읽는다.

| | | | |
|---|---|---|---|
| 1일 | 1st (first) | 2일 | 2nd (second) |
| 3일 | 3rd (third) | 11일 | 11th (eleventh) |
| 12일 | 12th (twelfth) | 13일 | 13th (thirteenth) |
| 21일 | 21st (twenty-first) | 22일 | 22nd (twenty-second) |
| 23일 | 23rd (twenty-third) | | |

## 2 요일 / 날짜 묻고 답하기

A : What day is it? / What day is it today?
오늘이 무슨 요일이니?

B : It's Monday. 월요일이야.
Today is Sunday. 오늘은 일요일이야.

A : What's the date (today)? / What's today's date?
오늘이 몇 월 며칠이니?

B : It's January 1st. 1월 1일이야.

A : When is your birthday? 생일이 언제니?
When is the Christmas? 크리스마스가 언제니?

B : It's the day after tomorrow. 내일 모레야.

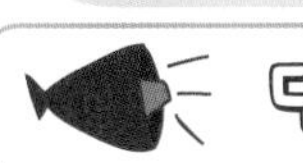
단어와 어구

Monday 월요일 | Christmas 크리스마스 | January 1월 | the day after tomorrow 내일모레

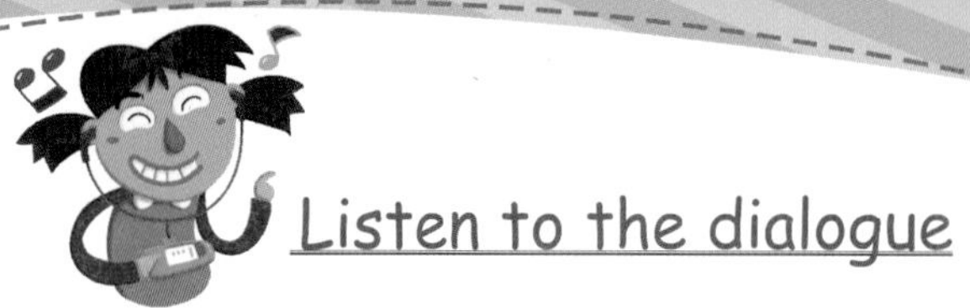

# 26. When is your birthday?

Bob: Yu-mi, what day is it today?

Yu-mi: It's Wednesday.

Bob: Oh, my birthday is coming soon.

Yu-mi: Really? When is your birthday?

Bob: June 17th is my birthday.

Yu-mi: Oh, it's this Sunday.

day 날(日) | today 오늘 | Wednesday 수요일 | birthday 생일 | come 오다 |
really 정말로 | June 6월 | 17th 17일, 17번째 | Sunday 일요일

## 이런 뜻이에요

 Bob: 유미야, 오늘이 무슨 요일이니?

 Yu-mi: 수요일이야.

 Bob: 오, 내 생일이 곧 다가오네.

 Yu-mi: 정말? 너의 생일은 언제니?

 Bob: 6월 17일이야.

 Yu-mi: 오, 일요일이네.

- **What day is it today?** : What day is it today?는 요일을 묻는 표현이에요.
- **It's Wednesday.** : 요일을 표현할 때는 It's ~를 써서 표현해요. 이때의 It은 특별한 뜻은 없고, 날짜와 요일, 시간, 날씨 등을 표현하는 비인칭 주어예요.
- **When is your birthday?** : When은 시간을 묻는 의문사예요.
- **It's June 17th.** : 날짜를 표현할 때는 이렇게 「It's+달+서수」로 표현해요.

한 주는 일요일부터 토요일까지 모두 7일입니다. 요일은 영어로 어떻게 말하나요?

Sunday 일요일 | Monday 월요일 | Tuesday 화요일 | Wednesday 수요일 | Thursday 목요일 Friday 금요일 | Saturday 토요일

# 듣기 | Listening Test

## 1 들려주는 대화를 그림으로 알맞게 나타낸 것을 고르세요.

❶ 

❷ 

❸ 

❹ 

## 2 대화를 잘 듣고, 그림을 참고하여 오늘이 무슨 요일인지 고르세요.

❶ 월요일

❷ 화요일

❸ 수요일

❹ 목요일

## 3 그림을 보고, 들려주는 질문에 알맞은 답을 고르세요.

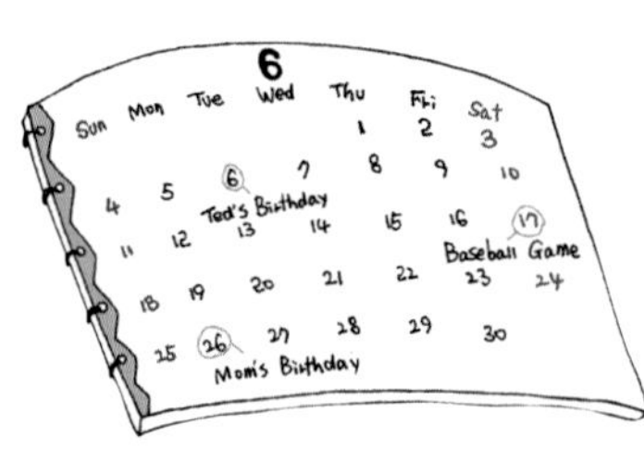


❶ It's Monday.

❷ It's Tuesday.

❸ It's Wednesday.

❹ It's Thursday.

# Unit 27 과거시제

## 꼭 알아야 할 표현들

### 1 과거 시제 : 과거의 동작이나 상태, 습관을 표현

**규칙동사**

stay → stayed
play → played
live → lived
watch → watched
wash → washed
study → studied

**불규칙동사**

do → did
go → went
read → read
come → came
see → saw
have → had
eat → ate

### 2 과거의 일 묻고 답하기

A : Did you have a good weekend? 주말 재미있게 보냈니?
B : Yes, I did. / No, I didn't. 응, 그래 / 아니, 그렇지 않아.

A : What did you do last weekend? 지난 주말에 뭐 했니?
B : I visited my uncle. 삼촌을 방문했어.

A : Who did you go with? 누구와 함께 갔니?
B : I went with my friend. 내 친구와 함께 갔어.

## 단어와 어구

stay 머무르다 | watch 지켜보다 | play 놀다 | wash 씻다 | live 살다 | study 공부하다
do 하다 | see 보다 | go 가다 | have 가지다 | read 읽다 | eat 먹다 | come 오다
last 지난 | visit 방문하다

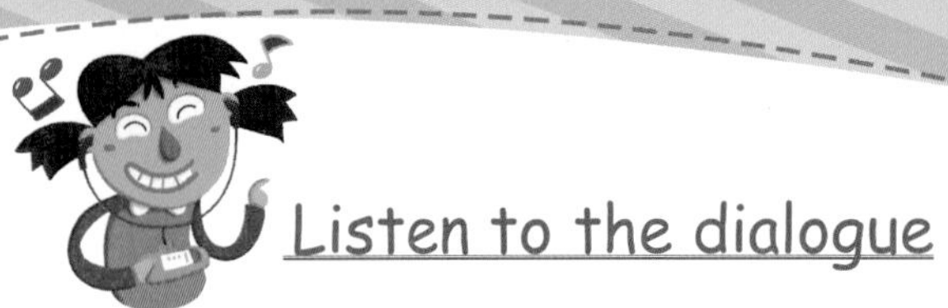

# 27. I saw a movie on Saturday.

Bob: Did you have a good weekend?

Yu-mi: Yes, I did. I saw a movie on Saturday.

Bob: Really? Who did you go with?

Yu-mi: I went with my best friend, Su-jin.
What about you?

Bob: I stayed home and watched TV all day long.

weekend 주말 | saw see(보다)의 과거형 | movie 영화 | Saturday 토요일 | who 누구
went go(가다)의 과거형 | best friend 가장 친한 친구 | stay 머무르다 | watch 지켜보다

## 이런 뜻이에요

 Bob: 주말 재미있게 보냈니?

 Yu-mi: 응, 토요일에 영화를 봤어.

 Bob: 정말? 누구와 함께 갔어?

 Yu-mi: 가장 친한 친구인 수진이랑 갔어. 너는 어때?

 Bob: 나는 집에서 하루 종일 TV를 봤어.

## 기본표현

- **Did you have a good weekend?** : 과거의 일을 물어볼 때는 do의 과거형 did를 써서 「Did you+일반동사 ~?」라고 물어요. 이에 대답할 때는 Yes, I did. 또는 No, I didn't. 로 응답해요.
- **I saw a movie on Saturday.** : saw는 see(보다)의 과거형 동사예요. 요일 앞에는 일반적으로 전치사 on이 붙어요.
- **Who did you go with?** : 의문사를 넣어서 과거의 일을 물을 때는 Who / What / Where / When / How did you ~?와 같이 시작해요.
- **What about you?** : 상대의 질문에 대해 '너는 어때?'라고 되묻는 질문이에요.

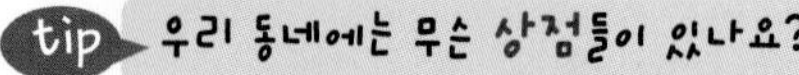

tip 우리 동네에는 무슨 상점들이 있나요?

theater 극장 | hospital 병원 | bank 은행 | department store 백화점 | book store 서점 cleaner's 세탁소 | police station 경찰서 | post office 우체국 | flower shop 꽃가게 | school 학교 gym 체육관 | stationery 문방구 | church 교회 | pharmacy 약국 | fitness club 헬스클럽 convenient store 편의점

# 듣기 | Listening Test

**1** 들려주는 대화를 그림으로 알맞게 나타낸 것을 고르세요.

❶ 

❷ 

❸ 

❹ 

**2** 들려주는 대화를 그림으로 알맞게 나타낸 것을 고르세요.

❶ 

❷ 

❸ 

❹ 

**3** 그림을 보고, 들려주는 질문에 알맞은 답을 고르세요.

❶ She watched TV.

❷ She went to the park.

❸ She studied English.

❹ She saw a movie.

# Unit 28 길 묻고 안내하기

## 꼭 알아야 할 표현들

### 1 길 묻기

- How can I get to the post office? 우체국에 어떻게 가나요?
- Where is City Hall? 시청이 어디죠?
- Do you know where the bus stop is?
  버스 정류장이 어디인지 아세요?
- I'm looking for the bookstore. 저는 서점을 찾고 있어요.

### 2 길 안내하기

- Go straight one block. 곧장 1블럭을 가세요.
- Turn right at the bank. 은행에서 오른쪽으로 도세요.
- It's on the corner. 그것은 모퉁이에 있어요.
- It's between the library and the hospital.
  도서관과 병원 사이에 있어요.
- It's across from the supermarket.
  슈퍼마켓의 건너편에 있어요.
- I'm a stranger here myself. 저도 여기가 처음이에요.

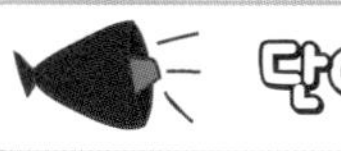

## 단어와 어구

City Hall 시청 | know 알다 | bus stop 버스 정류장 | bookstore 서점 | corner 모퉁이
between A and B A와 B 사이에 | library 도서관 | across from ~의 건너편에

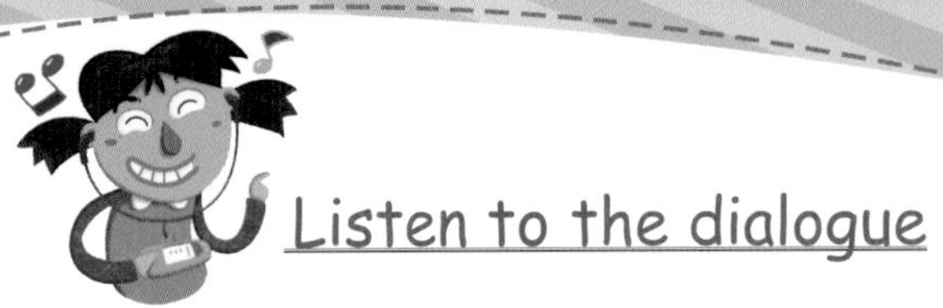

# 28. How can I get to the post office?

Foreigner: Excuse me. How can I get to the post office?

Yu-mi: Go straight one block. And turn right at the bank.

Foreigner: Right at the bank?

Yu-mi: Yes. It's next to the bakery. It's on your left.

Foreigner: Thank you very much.

Yu-mi: You're welcome.

how 어떻게 | get to ~에 도착하다, 가다 | post office 우체국 | straight 곧장
block (도시의) 한 구획, 한 가(街) | turn (모퉁이 따위를) 돌다 | bank 은행

## 이런 뜻이에요

 Foreigner: 실례합니다. 우체국에 어떻게 가나요?

 Yu-mi: 곧장 한 블럭을 가세요. 그리고 은행에서 오른쪽으로 도세요.

 Foreigner: 은행에서 오른쪽이요?

 Yu-mi: 예, 빵집 옆에 있어요. 그것은 당신의 왼쪽에 있어요.

 Foreigner: 정말 감사합니다.

 Yu-mi: 천만에요.

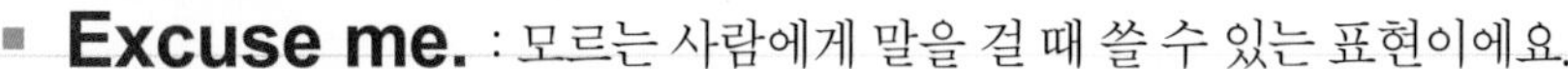

- **Excuse me.** : 모르는 사람에게 말을 걸 때 쓸 수 있는 표현이에요.
- **How can I get to the post office?** : How can I get to ~?는 '제가 ~에 어떻게 도착할 수 있나요?'라는 뜻으로 길을 묻는 표현이에요.

| | |
|---|---|
| • Where's the bus stop? | 버스 정류장이 어디에 있나요? |
| • Which bus should I take? | 어느 버스를 타야 하나요? |
| • Where should I go to take line four? | 4호선을 타려면 어디로 가야 하나요? |
| • Where is the subway station? | 지하철역이 어디에 있나요? |
| • Where is the exit? | 출구가 어디에 있나요? |

- **Go straight one block. And turn right at the bank.** : 길을 안내하는 표현으로 go straight는 '곧장 가다', turn right는 '오른쪽으로 돌다'라는 뜻이에요.
- **It's next to the bakery. It's on your left.** : 역시 길을 안내하는 표현이에요.

# 듣기 | Listening Test

**1** 들려주는 표현을 그림으로 알맞게 나타낸 것을 고르세요.

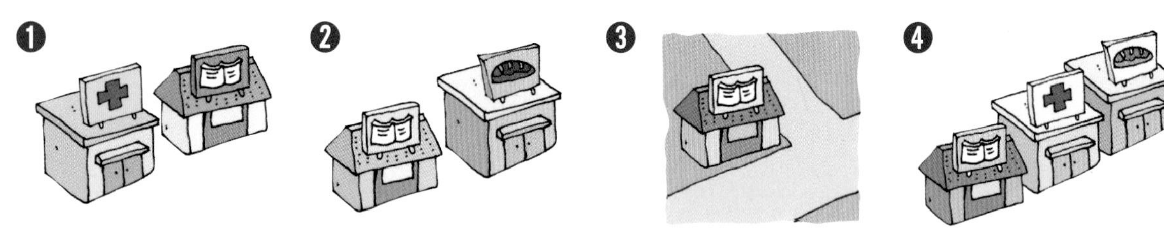

**2** 대화를 잘 듣고, 찾는 곳을 고르세요.

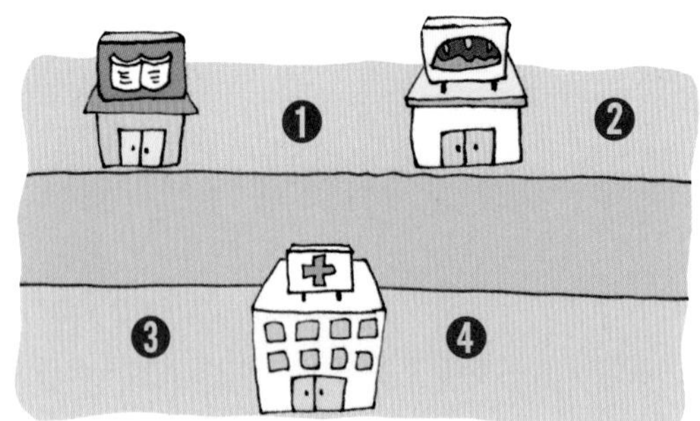

**3** 그림을 보고 A의 위치를 설명한 것을 고르세요.

# Unit 29 물건 사기

## 꼭 알아야 할 표현들

### 1 물건 사기

- May I help you? / What can I do for you? 무엇을 찾으세요?
- I need shoes. 신발이 필요해요.
- I want to buy some pencils. 연필 몇 자루를 사려고 해요.
- I'm looking for a present for my mom.
  어머니를 위한 선물을 찾고 있어요.
- No, thank you. I am just looking around.
  아니요. 저는 그저 둘러보고 있어요.
- What color(size) do you want?
  어떤 색(크기)을 원하세요?
- Can I try this shirt on? 이 셔츠를 입어 봐도 될까요?
- Can you wrap it up? 포장해 주시겠어요?

### 2 가격 묻기

- How much is it? / How much does it cost?
  그것은 가격이 얼마죠?
- How much are they? / How much do they cost?
  그것들은 가격이 얼마죠?

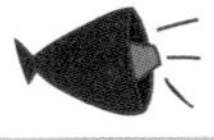

## 단어와 어구

need 필요하다 | shoes 신발 | buy 사다 | some 약간의 | present 선물 | just 오직, 단지
look around 둘러보다 | color 색, 색채 | size 크기 | try ~ on ~을 입어(신어, 써) 보다

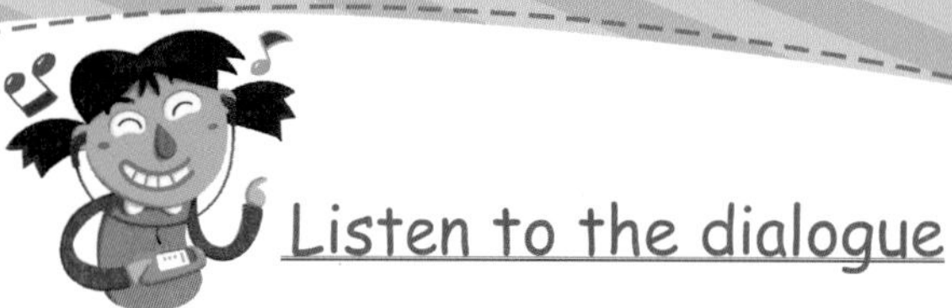

# 29. How much is it?

Clerk: May I help you?

Yu-mi: Yes. I'm looking for a shirt.

Clerk: How about this one? This is a very popular one.

Yu-mi: Oh, it looks nice. How much is it?

Clerk: It's 15 dollars.

Yu-mi: OK. I'll take it.

look for ~을 찾다 | shirt 셔츠 | How about ~? ~는 어때? | popular 인기 있는, 평판이 좋은
look ~처럼 보이다 | nice 멋진, 훌륭한 | much (양이) 많은, 다량의 | take 선택하다

## 이런 뜻이에요

 Clerk: 무엇을 찾으세요?

 Yu-mi: 예. 저는 셔츠를 찾고 있어요.

 Clerk: 이것은 어떠세요? 매우 인기가 있는 상품이에요.

 Yu-mi: 오, 멋져 보이네요. 이것은 얼마죠?

 Clerk: 15달러입니다.

 Yu-mi: 예, 주세요.

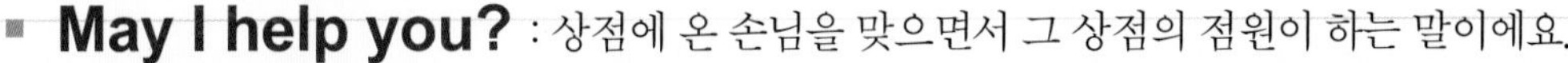

- **May I help you?** : 상점에 온 손님을 맞으면서 그 상점의 점원이 하는 말이에요.
- **I'm looking for a shirt.** : 자신이 원하는 물건을 말하는 표현이에요.
- **How about this one?** : 손님에게 어떤 물건을 권하는 표현이에요. 이 문장에서 one은 앞에 나온 shirt를 대신하는 대명사예요.
- **How much is it?** : 가격을 묻는 표현이에요.
- **I'll take it.** : 살 물건을 결정했을 때 쓰는 표현이에요.

**tip** 물건을 흥정할 때 상점에서 많이 쓰는 표현들

- Will you show me another one? 다른 것 좀 보여 주시겠어요?
- Discount, please. 싸게 해 주세요.
- The prices are fixed. 정찰제입니다.

# 듣기 | Listening Test

MP3

## 1 대화를 잘 듣고, 대화가 이루어지는 장소로 알맞은 곳을 고르세요.

❶ 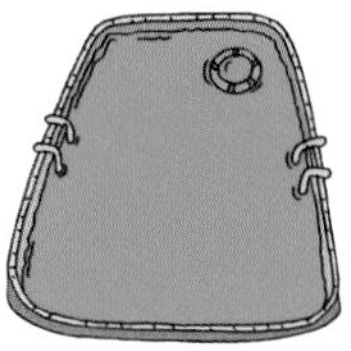

❷ 

❸ 

❹ 

## 2 대화를 잘 듣고, 여자가 사려는 물건으로 알맞은 것을 고르세요.

❶ 

❷ 

❸ 

❹ 

## 3 들려주는 질문에 대한 응답으로 알맞은 것을 고르세요.

❶ I'll take it.

❷ It's 9 dollars.

❸ I'm fine. Thank you.

❹ I'd like a hamburger and a salad.

# Unit 30 위치 나타내기

## 꼭 알아야 할 표현들

### 1 위치를 나타내는 표현

in 안에 / on 위에 / under 아래에
next to, by 옆에, 근처에
in front of 앞에 / behind 뒤에
between A and B A와 B 사이에

### 2 위치를 묻고 답하기

A : Where is your wallet? 너의 지갑은 어디 있니?
B : It is in the backpack. 가방 속에 있어.

A : Where are your trousers? 너의 바지가 어디 있니?
B : They are in the drawer. 서랍 속에 있어.

A : Is your book on the desk? 너의 책이 책상 위에 있니?
B : Yes, it is. / No, it isn't. 응, 있어. / 아니, 없어.

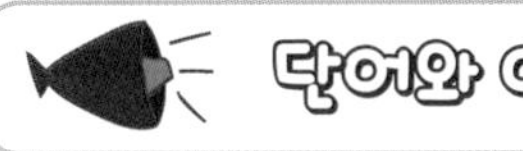


backpack (등에 짊어지는) 가방 | trousers 바지 | drawer 서랍

# 30. It's under the books.

Yu-mi: Bob, let's go! We'll be late.

Bob: Wait! I can't find my wallet.

Maybe it is in my room.

Yu-mi: What a mess! Where is your wallet?

Bob: Let me see.... Oh, it's right here.

Yu-mi: Where?

Bob: It's under the books.

let's ~하자 | late 늦은, 지각한 | find 찾다 | wallet 지갑 | maybe 아마, 어쩌면
mess 어수선함, 혼잡 | where 어디에 | right here 바로 여기 | under ~의 아래에

## 이런 뜻이에요

 Yu-mi: 밥, 가자! 우리 늦겠다.

 Bob: 기다려! 지갑이 없어. 아마도 방에 있나봐.

 Yu-mi: 정말 난장판이구나! 너의 지갑은 어디 있니?

 Bob: 어디 보자 …. 오, 여기 있네.

 Yu-mi: 어디?

 Bob: 책들 아래에 있어.

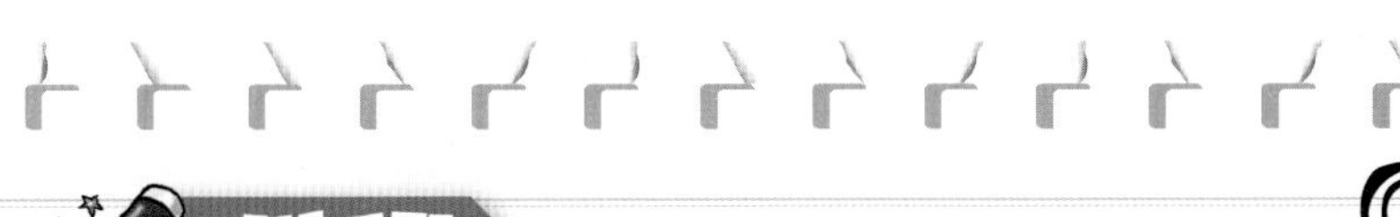

## 기본표현

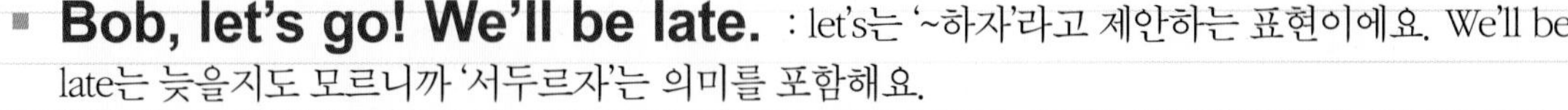

- **Bob, let's go! We'll be late.** : let's는 '~하자'라고 제안하는 표현이에요. We'll be late는 늦을지도 모르니까 '서두르자'는 의미를 포함해요.

tip 친구에게 무엇을 하자고 할 때 많이 사용하는 표현들을 더 익혀 보아요.

- Let's go shopping. 쇼핑 가자.
- Let's play soccer. 축구하자.
- Let's meet at five o'clock. 5시에 만나자.
- Let's go by bus. 버스 타고 가자.
- Let's have ice cream. 아이스크림 먹자.

- **What a mess!** : 감탄의 표현이에요.
- **Where is your wallet?** : 어떤 물건이 어디에 있는지를 묻는 표현이에요.
- **Let me see….** : 잠시 생각할 시간이 필요할 때 흔히 쓰는 표현이에요.
- **It's under the books.** : 물건의 위치를 표현하고 있어요.

# 듣기 | Listening Test

**1** 들려주는 표현을 그림으로 알맞게 나타낸 것을 고르세요.

**2** 그림을 보고, 들려주는 질문에 알맞은 답을 고르세요.

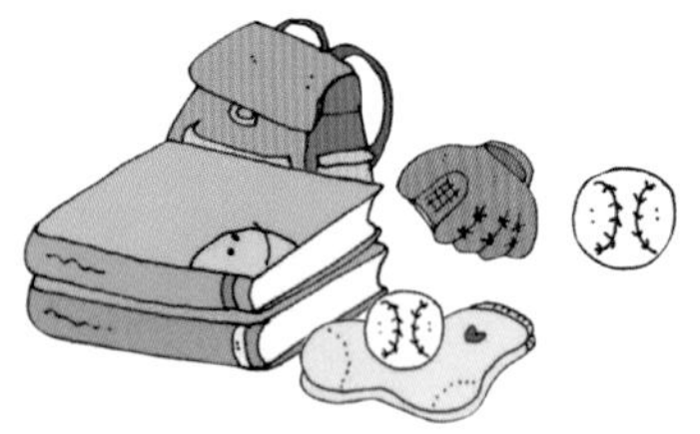

❶ It is on the socks.

❷ It is behind the books.

❸ It is in front of the books.

❹ It is between the books and the ball.

**3** 그림을 보고, 그림의 내용과 일치하지 <u>않은</u> 표현을 고르세요.

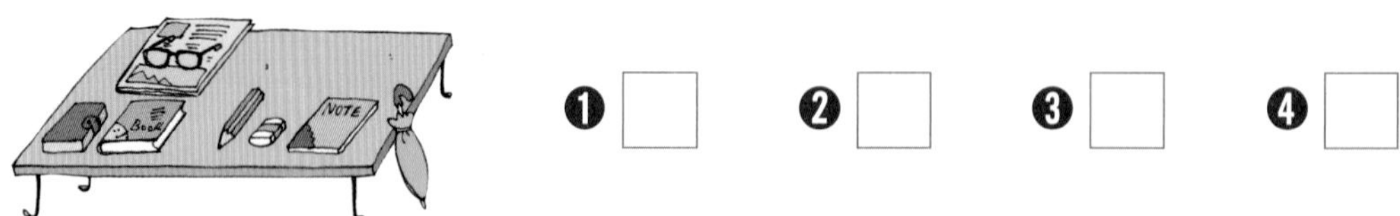

# Unit 31 전화 대화

## 꼭 알아야 할 표현들

### 1 전화 대화

- I'd like to speak to Mike. / Is Mike there?
  마이크와 통화할 수 있나요?
- This is he. / Speaking. / This is he speaking.
  접니다.
- I'm sorry, but he is not in [here] now. / He is out right now.
  그는 지금 없어요.
- Who's calling? / May I ask who's calling?
  전화하는 분은 누구세요?

### 2 기타 전화 대화

- May(Can) I take your message?
  전하실 메시지가 있나요?
- I'll call again. 제가 다시 걸게요.
- Please tell him that I called.
  제가 전화했다고 전해 주세요.
- You have the wrong number. 전화 잘못 거셨어요.

## 단어와 어구

I'd like to ~하고 싶다 | out 밖으로, 외출하여 | right now 지금 당장 | ask 묻다, 질문하다
call 부르다, 전화하다 | message 메시지, 전갈 | again 다시, 또 | wrong 잘못된, 틀린

# 31. May I speak to bob?

Bob's dad: Hello.

Yu-mi: Hello, may I speak to Bob?

Bob's dad: Who's this, please?

Yu-mi: This is his friend, Yu-mi.

Bob's dad: Hi, Yu-mi. Hold on a minute, please.
Bob, it's for you. It's Yu-mi.

speak 말하다 | who 누구 | hold on 기다리다, (전화를) 끊지 않고 두다 | minute (시간의) 분

## 이런 뜻이에요

Bob's dad: 여보세요.

Yu-mi: 여보세요, 밥과 통화를 할 수 있을까요?

Bob's dad: 전화하는 분은 누구세요?

Yu-mi: 그의 친구 유미입니다.

Bob's dad: 안녕, 유미. 잠깐만 기다려.
밥, 너에게 온 전화야. 유미야.

- **Hello, may I speak to Bob?** : Hello는 전화할 때는 '여보세요'라는 뜻이에요. 통화하고자 하는 사람을 부탁할 때는 May I speak to ~?라는 표현을 써요.
- **Who's this, please?** : 전화할 때는 I나 You 대신 this라는 표현을 써요. 그래서 Who's this?는 '당신은 누구세요?'라는 뜻이고, This is ~.는 '저는 ~입니다.'라는 뜻이에요.
- **Hold on a minute, please.** : 통화하고자 하는 상대를 바꿔 줄 때 쓰는 표현이에요.

tip 그 밖에 「Hold, please. / Just a moment, please.(잠시만 기다리세요.)」도 많이 쓰여요.

- **Bob, it's for you. It's Yu-mi.** : 전화가 왔다고 알려 주는 표현이에요.

# 듣기 | Listening Test

**1** 들려주는 질문에 대한 응답으로 알맞은 것을 고르세요.

❶ This is Linda.

❷ Is there Sally?

❸ Sorry, she is not in.

❹ Linda is out right now.

**2** 대화를 잘 듣고, 이어지는 질문에 알맞은 그림을 고르세요.

❶ 

❷ 

❸ 

❹ 

**3** 그림을 보고, 그림의 내용에 가장 어울리는 대화를 고르세요.

❶  ❷ ☐ ❸ ☐ ❹ ☐

# Unit 32 음식 권하기

## 꼭 알아야 할 표현들

### 음식 권하기와 답하기

- Help yourself. 마음껏 먹어.
- Thank you, I would. 고마워, 먹을게.
- Yes, please. 응, 기꺼이.
- No, thank you. I've had enough. / I'm full.
  고맙지만 됐어. 배불러.
- What would you like to eat[drink]?
  무엇을 먹고[마시고] 싶니?
- Do you want something to drink? / Would you like a drink?
  뭐 좀 마실래?
- Yes. Milk, please. 응, 우유 부탁해.
- Which would you prefer, milk or juice?
  우유와 주스 중에 어떤 것이 좋니?
- I prefer milk. / I'd like milk. 나는 우유가 좋아.
- Would you like a cup of tea[coffee]?
  차[커피] 한 잔 드릴까요?

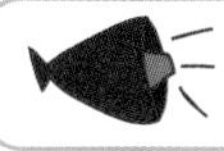

단어와 어구

drink 마시다; 마실 것 | prefer ~을 더 좋아하다, 선택하다 | tea 차 | coffee 커피

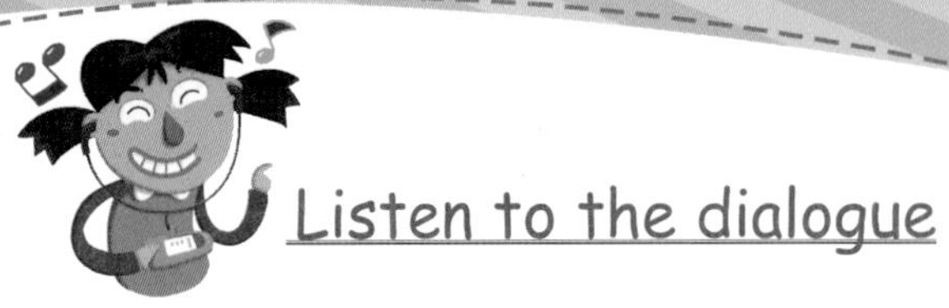

# 32. Would you like some more cake?

Yu-mi: Would you like some more cake, Bob?

Bob: Yes, I would. Thank you.

Yu-mi: How about you, Sally?

Sally: No, thank you, I've had enough.

Yu-mi: Then, would you like some juice?

Sally: Yes, please.

would ~하겠다 | some 약간의 | more 더 많이 | cake 케이크 | had have(먹다)의 과거형
enough 충분히, 필요한 만큼 | juice 주스

## 이런 뜻이에요

 Yu-mi: 케이크를 좀더 먹을래, 밥?

 Bob: 응, 고마워.

 Yu-mi: 너는 어때, 샐리?

 Sally: 고맙지만, 됐어. 많이 먹었어.

 Yu-mi: 그럼, 주스 마실래?

 Sally: 응, 기꺼이.

## 기본표현

- **Would you like some more cake, Bob?** : 음식을 좀더 먹을 것을 권유하는 표현이에요. Would는 원래는 will(~하겠다)의 과거형이지만, 여기에서는 과거의 뜻을 나타내는 것이 아니고, will보다 공손한 느낌을 주는 표현이에요.

- **How about you, Sally? :** 먼저 밥에게 권유한 내용에 대해 샐리에게도 묻는 표현이에요.

- **No, thank you. I've had enough.** : 음식을 권하는 표현에 대해 더 이상 원하지 않을 때 사용하는 표현이에요.

 음식점에서 많이 쓰이는 표현

- What's the special today? 오늘의 특별 요리는 뭔가요?
- The same for me, please. 같은 것으로 주세요.
- Well-done, please. 잘 익혀 주세요.
- I accidentally dropped my spoon. 실수로 수저를 떨어뜨렸어요.
- Can I have a receipt? 영수증 좀 주세요.

# 듣기 | Listening Test

**1** 들려주는 대화를 그림으로 알맞게 나타낸 것을 고르세요.

❶  ❷  ❸  ❹ 

**2** 들려주는 대화를 그림으로 알맞게 나타낸 것을 고르세요.

❶ 

❷ 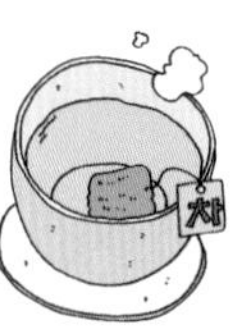


❸ 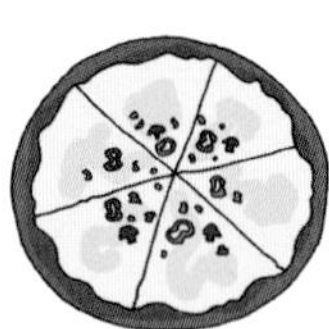

❹ 

**3** 그림을 보고, 그림의 내용에 가장 어울리는 대화를 고르세요.

❶  ❷ ☐ ❸  ❹ ☐

# Unit 33 조동사

## 꼭 알아야 할 표현들

**1 조동사** : 일반 동사의 의미를 보충해 주는 동사로서 「조동사+일반 동사」의 형태로 쓰여요.

- can (할 수 있다) : 가능/불가능의 표현
- may (아마 ~일 것이다) : 추측의 표현
- must (~해야 한다) : 의무의 표현
- will (~할 것이다) : 미래의 표현

**2 조동사가 쓰인 문장**

- I can play the piano. 나는 피아노를 칠 수 있다.
- She may be at home. 그녀는 집에 있을 것이다.
- You must be quiet. 너는 조용히 해야 한다.
- I will read a book. 나는 책을 읽을 것이다.

play 놀다, 운동하다, 연주하다 | piano 피아노 | quiet 조용한 | read 읽다 | book 책

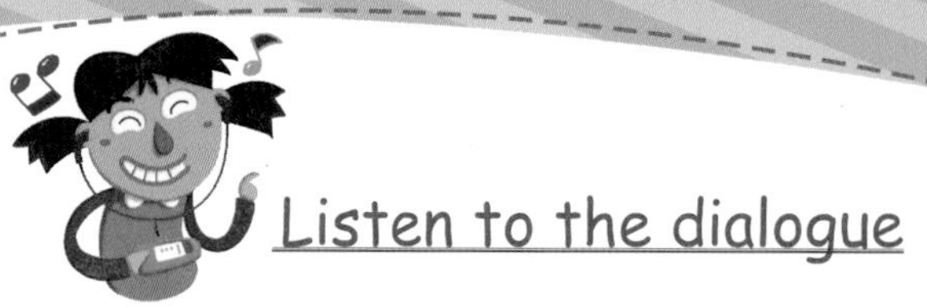

# 33. I must wrap this box.

Yu-mi: Bob, can you help me for a minute?

Bob: Sure. What can I do for you?

Yu-mi: I must wrap this box, but I can't.

I need cellophane tape.

Bob: Can I bring you the cellophane tape?

Yu-mi: Yes, please. It may be on my desk.

Bob: All right.

can ~할 수 있다 | for a minute 잠시 동안 | must ~해야 한다 | wrap 포장하다, 감싸다
will ~할 것이다 | cellophane tape 셀로판테이프 | bring 가져오다 | may ~일 것이다

## 이런 뜻이에요

 Yu-mi: 밥, 잠깐만 나 좀 도와줄 수 있니?

 Bob: 응. 무엇을 도와 줄까?

 Yu-mi: 나는 이 상자를 포장해야만 하는데 포장을 할 수가 없어. 셀로판테이프가 필요해.

 Bob: 내가 셀로판테이프를 가져다 줄까?

 Yu-mi: 오, 그래. 그것은 아마도 내 책상 위에 있을 거야.

 Bob: 알았어.

- **Bob, can you help me for a minute?** : can은 '~할 수 있다'라는 뜻으로, 이 문장에서는 '나를 도와줄 수 있니?'라고 도움을 요청하는 표현이 돼요.
- **I must wrap this box, but I can't.** : must는 '~해야만 하다'라는 뜻이며, can't는 '~할 수 없다'라는 뜻이에요.
- **Can I bring you the cellophane tape?** : 여기에서 Can I~?는 '내가 ~해 줄까?'라는 뜻으로 쓰여요.

Can I~가 들어가는 또 다른 표현을 익혀 볼까요?

- Can I use your eraser? 네 지우개 써도 되니?
- Can I have a cheeseburger? 치즈버거 주세요.

- **It may be on my desk.** : may는 '아마 ~일 것이다'라는 뜻이에요.

# 듣기 | Listening Test

**1** 들려주는 표현을 그림으로 알맞게 나타낸 것을 고르세요.

❶  ❷  ❸  ❹ 

**2** 들려주는 표현을 그림으로 알맞게 나타낸 것을 고르세요.

❶ 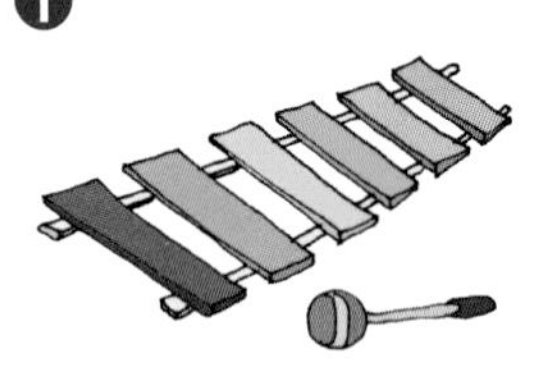 ❷  ❸  ❹ 

**3** 그림을 보고, 그림의 내용에 가장 어울리는 대화를 고르세요.

❶  ❷ ☐ ❸  ❹ ☐

# Unit 34 초대하기 / 부탁하기

## 꼭 알아야 할 표현들

### 1 초대하고 답하기

- Will you come to my house for dinner?
  우리 집에 저녁 먹으러 올래?
- I'd like you come to my birthday party.
  내 생일파티에 오면 좋겠어.

| 승낙 | 거절 |
|---|---|
| Sounds good.<br>Sure, I'd love to.<br>Thank you for inviting me. | I'd love to, but I can't.<br>I'm afraid I can't.<br>I'm sorry, I can't. |

### 2 부탁하고 답하기

- Can you give me a hand? / Can I ask you a favor?
  나 좀 도와줄래?
- Will you help me with my homework?
  나 숙제하는 것 좀 도와줄래?
- Please close the door. 문을 닫아줘.

승낙
- Sure. / Of course. / OK. / No problem. 문제없어.
- With pleasure. 기꺼이.

거절
- I'm sorry, but I can't 미안하지만, 그럴 수 없어.
- Sorry, but I'm busy now. 미안해, 하지만 지금 난 바빠.

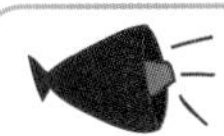

단어와 어구

dinner 저녁 식사 | invite 초대하다 | afraid 두려워하여 | give me a hand 도와주다
favor 호의, 친절 | busy 바쁜

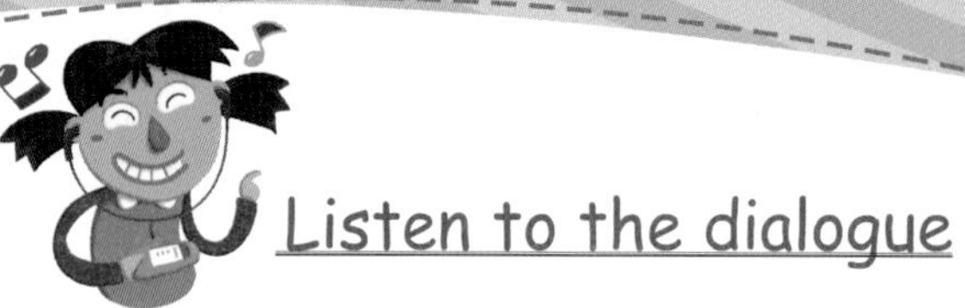

# 34. How about coming to my house?

Yu-mi: Will you help me, please?

Bob: Sure. What is it?

Yu-mi: Can you carry this bag for me? It's too heavy.

Bob: OK, give it to me.

By the way, do you have time tomorrow?

Yu-mi: Yes. Why?

Bob: How about coming to my house?

Yu-mi: That's fine with me.

carry 들고 가다 | bag 봉지 | too 너무나 | heavy 무거운 | by the way 그건 그렇고

## 이런 뜻이에요

Yu-mi: 나 좀 도와줄래?

Bob: 알았어. 그게 뭐니?

Yu-mi: 이 봉지를 들고 갈래? 너무 무거워.

Bob: 알았어, 나에게 줘. 그런데 내일 시간 있니?

Yu-mi: 있는데, 왜?

Bob: 우리 집에 오는 게 어때?

Yu-mi: 나는 좋아.

## 기본표현

- **Will you help me, please?** : 상대방에게 도움을 요청하는 표현이에요.
- **By the way, do you have time tomorrow?** : by the way는 대화 도중, 화제를 돌리기 위한 표현이고, do you have time ~?은 상대방에게 시간이 있는지를 묻는 표현이에요.
- **How about coming to my house?** : 상대방을 초대하는 표현이에요.

tip 또 다른 표현으로는
I'd like to invite you to my home. 당신을 저희 집으로 초대하고 싶습니다.

- **That's fine with me.** : 상대방의 초대를 승낙하는 표현이에요.

tip 또 다른 표현으로는
I'm sure I can come. 갈 수 있습니다.

# 듣기 | Listening Test

**1** 들려주는 대화를 그림으로 알맞게 나타낸 것을 고르세요.

❶ 

❷ 

❸ 

❹ 

**2** 들려주는 대화를 그림으로 알맞게 나타낸 것을 고르세요.

❶ 

❷ 

❸ 

❹ 

**3** 대화를 잘 듣고, 대화의 흐름이 자연스럽지 못한 것을 고르세요.

❶ 

❷ 

❸ ☐

❹ ☐

# Unit 35 아픔 표현하기 / 위로·동정하기

## 꼭 알아야 할 표현들

### 1 아픔 표현하기

| | |
|---|---|
| 아픈 증상 | fever 열　　headache 두통<br>stomachache 복통　　toothache 치통<br>a runny nose 콧물이 나는 코<br>a sore throat 아픈 목구멍<br>My back hurts. 허리가 아파요.<br>My legs [arms] hurt. 다리[팔]가 아파요. |
| 원인 묻기<br>무슨 문제니? | What's the matter?<br>What's wrong with you?<br>What's the problem?<br>Is something wrong with you? |

### 2 위로·동정하기

- That's too bad. 정말 안됐다.
- I'm sorry to hear that. 그 말을 들이니 유감이야.
- It's a pity. 안됐다.
- What a pity! 정말 안됐다!

단어와 어구

back 허리, 등 | hurt 아프다 | leg 다리 | arm 팔 | wrong 잘못된 | problem 문제, 골칫거리
sorry 유감인 | hear 듣다 | pity 유감스러운 일, 동정

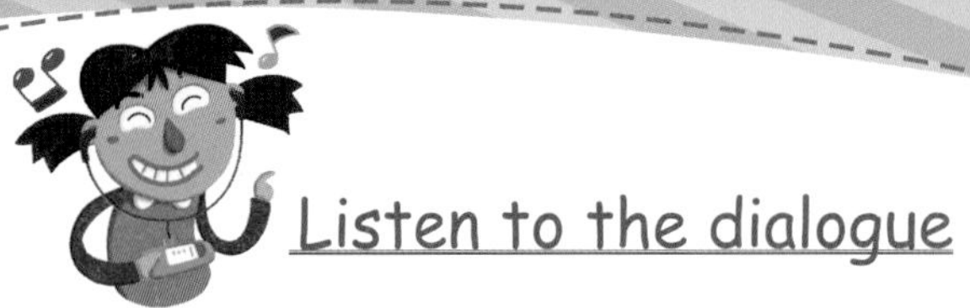

# 35. What's the matter?

Bob: Yu-mi, you look terrible! What's the matter?

Yu-mi: I have a cold.

Bob: That's too bad. What are your symptoms?

Yu-mi: I have a runny nose and a sore throat.

Bob: You should go and see a doctor.

look ~해 보이다 | terrible 심한 | matter 문제, 일 | cold 감기 | symptom 증상
runny 콧물이 나는 | sore 아픈 | see a doctor 의사에게 진찰을 받다

## 이런 뜻이에요

Bob: 유미야, 굉장히 안 좋아 보인다. 무슨 일이니?

Yu-mi: 감기인가봐.

Bob: 정말 안됐다. 증상이 어떤데?

Yu-mi: 콧물이 나고 목구멍이 아파.

Bob: 의사한테 가 봐야겠다.

## 기본표현

- **Yu-mi, you look terrible!** : 상대방이 아프거나, 상태가 좋지 않아 보일 때 쓰는 표현이에요.
- **What's the matter?** : 구체적으로 어떤 문제가 있는지를 묻는 표현이에요.
- **That's too bad.** : 좋지 않은 소식을 들었을 때, 위로나 동정을 나타내는 표현이에요.
- **What are your symptoms?** : 아픈 증세가 구체적으로 어떤지를 묻는 표현이에요.

tip 이 때 대답으로는
- stomachache. 배가 아파요.
- cough. 기침이 나요.
- high fever. 열이 많아요.
- headache. 머리가 아파요.

- **You should go and see a doctor.** : 병원에 가보라고 충고하는 표현이에요.

# 듣기 | Listening Test

**1** 들려주는 표현을 그림으로 알맞게 나타낸 것을 고르세요.

❶ 

❷ 

❸ 

❹ 

**2** 다음 그림을 보고, 대화 속의 샐리를 고르세요.

**3** 다음 그림을 보고, 그림의 내용에 알맞은 표현을 고르세요.

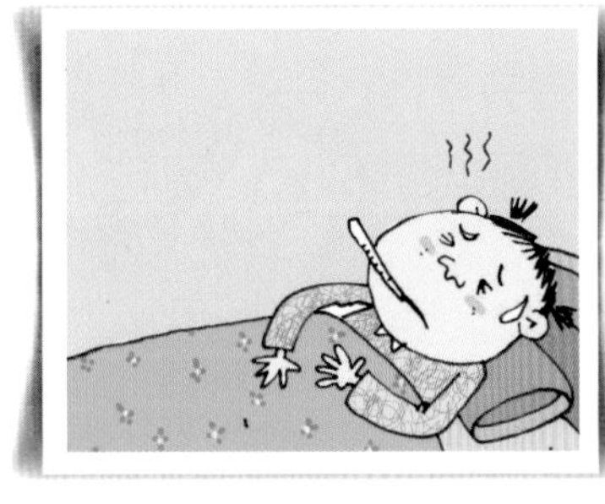

❶ ☐ ❷ ☐ ❸ ☐ ❹ ☐

# Unit 36 비교하기

## 꼭 알아야 할 표현들

### 1 비교급 만들기

❶ 일반

taller / shorter / older / younger / faster / stronger

❷ y로 끝나는 단어

prettier / happier / heavier / earlier / uglier

❸ 단모음+단자음으로 끝나는 단어

thinner / bigger / hotter

❹ 3음절 이상의 단어

more beautiful / more expensive / more diligent

### 2 비교하기

- Who is taller?(of the two)? (둘 중에) 누가 더 크니?
- Who is taller, he or Mike? 그와 마이크 중에서 누가 더 크니?
- Is he taller than Mike? 그가 마이크보다 크니?
- My sister is two years older than I.
  언니는 나보다 2살이 더 많아.

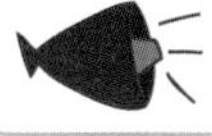

## 단어와 어구

short 짧은, (키가) 작은 | young 어린, 젊은 | fast 빠른 | strong 강한 | heavy 무거운
early 이른, 먼저 | ugly 못생긴 | thin 마른 | big (몸집이) 큰 | hot 더운 | expensive 비싼
diligent 부지런한

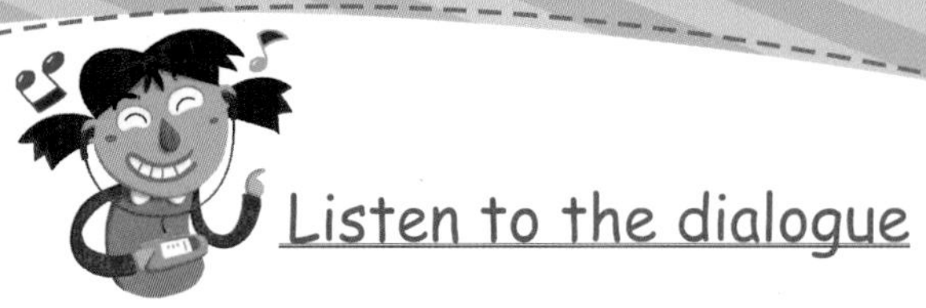


# 36. Mike is taller than Nam-su.

Yu-mi: Wow, Nam-su is very tall.

Bob: Yes. And Mike is very tall, too.

Yu-mi: Who is taller?

Bob: I think Mike is taller than Nam-su.

Yu-mi: Is Mike older than Nam-su?

Bob: No, he is as old as Nam-su.

too ~도 역시, 또한 | who 누구 | think 생각하다 | taller than ~보다 키가 큰
as old as ~만큼 나이 먹은

## 이런 뜻이에요

 Yu-mi: 와우, 남수가 많이 크네.

 Bob: 그러네. 마이크 또한 많이 크네.

 Yu-mi: 누가 더 크지?

 Bob: 내 생각에는 마이크가 남수보다 더 큰 거 같아.

 Yu-mi: 마이크가 남수보다 나이가 많니?

 Bob: 아니, 그는 남수와 나이가 같아.

- **Who is taller?** : 앞에 말한 두 소년 중 누가 더 큰지를 묻는 표현이에요.
- **I think Mike is taller than Nam-su.** : '~보다 …하다'라고 비교하여 표현할 때는, 형용사에 -er을 붙이고 뒤에 than을 넣어 taller than과 같이 표현해요.

tip 다른 예를 더 볼까요?

- Today is warmer than yesterday. 오늘이 어제보다 더 따뜻하다.
- The coke is cooler than the juice. 그 콜라가 주스보다 시원하다.

- **Is Mike older than Nam-su?** : 비교급 문장을 의문문으로 표현한 문장으로 일반의문문과 마찬가지로 동사가 주어의 앞에 위치해요.
- **No, he is as old as Nam-su.** : 'as … as ~'의 표현은 비교의 표현 중에서도 원급 비교라고 하며, '~만큼 …하다'라는 뜻이에요.

# 듣기 | Listening Test

**1** 들려주는 표현을 그림으로 알맞게 나타낸 것을 고르세요.

**2** 들려주는 표현을 그림으로 알맞게 나타낸 것을 고르세요.

❶ Yes, he is.

❷ No, she isn't.

❸ No, he isn't. He is as old as Sally.

❹ Peter is two years older than Sally.

**3** 그림을 보고, 그림의 내용과 일치하지 <u>않은</u> 표현을 고르세요.

# 정답 및 해설

## Unit 1 인사하기와 소개하기 Nice to meet you.

p14

1. ❷ 2. ❸ 3. ❶

1. afternoon
   오후

2. Good morning.
   안녕하세요.(아침 인사)

3. ❶ This is my friend.
   ❷ This is my school.
   ❸ That is my friend.
   ❹ That is my brother.

   ① 이 아이는 내 친구야.
   ② 이것은 나의 학교야.
   ③ 저 아이는 내 친구야.
   ④ 저 사람은 나의 오빠야.

## Unit 2 안부 인사하기 How are you?

p18

1. ❶ 2. ❸ 3. ❶

1. W: How are you doing?
   M: Not good.

   여: 어떻게 지내요?
   남: 좋지 않아요.

2. M: Good morning, Jane.
   How's it going?
   W: I'm fine, thanks.

   남: 안녕, 제인. 어떻게 지내요?
   여: 잘 지내요, 고마워요.

3. ❶ G: Hi, Debby. How are you?
   B: Fine, thanks.
   ❷ G: Good bye, Debby.
   B: Good bye, Mina.
   ❸ G: Hello, Debby.
   B: Good evening, Mina.
   ❹ G: What are you doing?
   B: I'm eating bread.

   ① 소녀: 안녕, 데비. 어떻게 지내니?
   소년: 잘 지내고 있어, 고마워.
   ② 소녀: 잘 가, 데비.
   소년: 잘 가, 미나.
   ③ 소녀: 안녕, 데비.
   소년: 안녕, 미나.
   ④ 소녀: 너 뭐 하고 있니?
   소년: 나는 빵을 먹고 있어.

## Unit 3 인칭대명사와 be동사 Who is this?

p22

1. ❶ 2. ❷ 3. ❶

1. a police officer
   경찰관

2. She's my mother.
   그녀는 나의 어머니이십니다.

3. ❶ This is my aunt.
   She's a police officer.
   ❷ This is my sister.
   She's a student.

❸ This is my uncle.
He's a police officer.
❹ This is my mother.
She's a teacher.

① 이 분은 나의 이모이셔.
그녀는 경찰이셔.
② 이 아이는 내 여동생이야.
그녀는 학생이야.
③ 이 분은 나의 삼촌이셔.
그는 경찰이셔.
④ 이 분은 나의 어머니이셔.
그녀는 선생님이셔.

## Unit 4 헤어질 때 인사하기 See you again.

p26

1. ❶ 2. ❸ 3. ❶

1. Good night.
안녕히 주무세요.

2. Take care.
조심해서 가.

3. ❶ G: Bye. See you tomorrow.
B: See you tomorrow.
❷ G: Hello.
B: Hi, how are you?
❸ G: It's time to go to school.
B: OK, let's go.
❹ G: Are you Tommy?
B: No, I'm not. I'm Jason.

① 소녀: 잘 가. 내일 보자.
소년: 내일 보자.
② 소녀: 안녕.
소년: 안녕. 어떻게 지내?
③ 소녀: 학교에 갈 시간이야.
소년: 그래, 가자.
④ 소녀: 네가 토미니?
소년: 아니, 난 제이슨이야.

## Unit 5 지시하기와 금지하기 Open the window, please.

p30

1. ❸ 2. ❷ 3. ❶

1. window
창문

2. Stand up.
일어나.

3. ❶ Don't make any noise here.
❷ Don't sit down.
❸ Don't run.
❹ Don't pick the flower.

① 여기서 떠들지 마세요.
② 앉지 마세요.
③ 뛰지 마세요.
④ 꽃을 꺾지 마세요.

## Unit 6 소유격 Whose pencil is this?

p34

1. ❹ 2. ❷ 3. ❷

# 정답 및 해설

1. a desk
책상

2. Her backpack is new.
그녀의 가방은 새 거야.

3. ❶ G: Whose book is this?
B: It's Mike's book.
❷ G: Is this your book?
B: Yes, it's mine.
G: Here you are.
❸ G: Is this book interesting?
B: No, it isn't.
❹ G: Is this a book?
B: No. It's a pencil.

① 소녀: 이것은 누구의 책이니?
소년: 그것은 마이크의 책이야.
② 소녀: 이것은 너의 책이니?
소년: 응, 내 것이야.
소녀: 여기 있어.
③ 소녀: 이 책은 재미있니?
소년: 아니, 재미없어.
④ 소녀: 이것은 책이니?
소년: 아니, 그것은 연필이야.

## Unit 7 좋고 싫은 것 표현하기 Do you like pizza?

p38

1. ❸ 2. ❸ 3. ❶

1. fish
생선

2. M: Do you like chicken?
W: Yes, I do.
남: 너는 닭고기 좋아하니?
여: 응, 좋아해.

3. ❶ G: Do you like onion soup?
B: No, I don't.
❷ G: I like onion soup.
How about you?
B: I'm fine, thanks.
❸ G: What do you like?
B: I like onion soup.
❹ G: What's your favorite fruit?
B: I like mangos.

① 소녀: 양파 스프 좋아해?
소년: 아니, 안 좋아해.
② 소녀: 나는 양파 스프를 좋아해.
너는 어때?
소년: 나는 잘 지내. 고마워.
③ 소녀: 너는 무엇을 좋아하니?
소년: 나는 양파 스프를 좋아해.
④ 소녀: 가장 좋아하는 과일이 뭐니?
소년: 나는 망고를 좋아해.

## Unit 8 정보 묻고 답하기 Do you have a paintbrush?

p42

1. ❸ 2. ❶ 3. ❹

1. a glove
야구장갑

2. I have a glove,
but I don't have a bat.

나는 야구 장갑은 있지만,
야구 방망이는 없어.

3. G: Do you have cats, Mike?
   B: Yes, I have four cats. They're very cute. Do you like cats?
   G: No, I don't like cats.
(Q): How many cats does Mike have?

소녀: 너는 고양이를 가지고 있니, 마이크 ?
소년: 응, 나는 고양이 4마리를 가지고 있어. 그것들은 매우 귀여워. 너는 고양이를 좋아하니?
소녀: 아니, 나는 고양이를 싫어해.
(질문): 마이크는 고양이를 몇 마리 가지고 있습니까?

## Unit 9 일반동사의 부정문과 의문문(1, 2인칭) I don't want this.

p46

1. ❶ 2. ❹ 3. ❸

1. a doll
   인형

2. I sleep in my bed.
   나는 내 침대에서 잠을 잔다.

3. ❶ M: Do you want blocks?
   B: No, I don't.
   ❷ M: Do you like books?
   B: Yes, I do.
   ❸ M: What do you want?
   B: I want blocks.
   ❹ M: Who is he?
   B: He's my teacher.

   ① 남: 너는 블록을 가지고 싶니?
   소년: 아니오, 가지고 싶지 아요.
   ② 남: 너는 책을 좋아하니?
   소년: 네, 그래요.
   ③ 남: 너는 뭘 갖고 싶니?
   소년: 저는 블록을 갖고 싶어요.
   ④ 남: 그는 누구니?
   소년: 그는 저의 선생님이에요.

## Unit 10 가능과 불가능 표현하기 Can you play the piano?

p50

1. ❷ 2. ❸ 3. ❶

1. play baseball
   야구를 하다

2. B: Can you swim, Sora?
   G: No, I can't. But I can skate.

   소년: 너는 수영할 수 있니, 소라야?
   소녀: 아니, 난 못 해. 그러나 나는 스케이트를 탈 수 있어.

3. ❶ G: Can you dance?
   B: Sure. I can sing, too.
   ❷ G: Can you sing?
   B: No, I can't.
   ❸ G: What's your favorite sport?
   B: I like soccer best.
   ❹ G: Do you like this song?
   B: No, I don't.

   ① 소녀: 춤 출 수 있니?
   소년: 물론이지. 나는 노래도 부를 수 있어.
   ② 소녀: 너는 노래를 부를 수 있니?
   소년: 아니, 난 못 해.

③ 소녀: 가장 좋아하는 운동이 뭐니?
소년: 나는 축구를 가장 좋아해.
④ 소녀: 너는 이 노래를 좋아하니?
소년: 아니, 좋아하지 않아.

## Unit 11 제안하기 Let's play cards.

p54

1. ❷ 2. ❹ 3. ❷

script

1. park
공원

2. G: It's snowing. Let's go out.
B: OK. Let's make a snowman.

소녀: 눈이 온다. 밖에 나가자.
소년: 좋아. 눈사람 만들자.

3. ❶ B: Let's play ball.
G: No problem.
❷ B: Let's go swimming.
G: Sorry, I can't.
❸ B: How are you doing?
G: I'm very well.
❹ B: Don't run here.
G: OK.

① 소년: 공놀이하자.
소녀: 문제없어.
② 소년: 수영하러 가자.
소녀: 미안해, 난 못해.
③ 소년: 어떻게 지내?
소녀: 나는 매우 잘 지내.
④ 소년: 여기서 뛰면 안돼.
소녀: 알았어.

## Unit 12 일반동사의 부정문과 의문문(3인칭) He doesn't do his homework.

p58

1. ❹ 2. ❷ 3. ❸

1. grass
잔디

2. M: Does she read a book?
W: No, she doesn't.
She writes a letter.

남: 그녀는 책을 읽니?
여: 아니, 그녀는 편지를 써.

3. ❶ W: Is it a cow?
M: Yes, it is.
❷ W: Does the cow eat meat?
M: No, it doesn't.
❸ W: Does the horse eat grass?
M: Yes, it does.
❹ W: What are they?
M: They're horses.

① 여: 그것은 소입니까?
남: 네, 그렇습니다.
② 여: 소가 고기를 먹나요?
남: 아니오, 그렇지 않아요.
③ 여: 말이 풀을 먹나요?
남: 네, 그렇습니다.
④ 여: 그것들은 무엇입니까?
남: 그것들은 말입니다.

# 정답 및 해설

## Unit 13 수량을 나타내는 표현 How many pencils do you have?

p62

1. ❹ 2. ❶ 3. ❸

1. eighteen
   18

2. M: How much is this yellow shirt?
   W: It's ten dollars.
   남: 노란색 셔츠는 얼마입니까?
   여: 10달러입니다.

3. ❶ I have five bananas.
   ❷ I have ten bananas.
   ❸ I have fifteen bananas.
   ❹ I have twenty bananas.
   ① 나는 바나나가 5개 있어요.
   ② 나는 바나나가 10개 있어요.
   ③ 나는 바나나가 15개 있어요.
   ④ 나는 바나나가 20개 있어요.

## Unit 14 시간 묻고 답하기 What time is it now?

p66

1. ❷ 2. ❹ 3. ❷

1. W: What time is it?
   M: It's nine twenty-three.
   여: 몇 시입니까?
   남: 9시 23분입니다.

2. M: What's the time?
   W: It's ten past twelve.
   남: 몇 시입니까?
   여: 12시 10분입니다.

3. M: What's the time?
   W: It's a quarter past two.
   남: 몇 시입니까?
   여: 2시 15분입니다.

## Unit 15 의문사 Who broke it?

p70

1. ❷ 2. ❸ 3. ❸

script

1. angry
   화난

2. G: Who is he?
   B: He is my father.
   G: What does he do?
   B: He is a doctor.
   소녀: 그는 누구시니?
   소년: 그는 나의 아버지이셔.
   소녀: 그는 뭐하시니?
   소년: 그는 의사이셔.

3. ❶ G: Who is that man?
   B : He is my father.
   ❷ G: What does he do?
   B: He is a teacher.
   ❸ W: How does he go to school?
   M : He goes to school by bike.
   ❹ W: Where is your bike?
   M : My bike is in the garden.

① 소녀: 저 남자는 누구이시니?
소년: 그는 나의 아버지이셔.
② 소녀: 그는 뭐하니?
소년: 그는 선생님이야.
③ 여: 그는 학교에 어떻게 가니?
남: 그는 학교에 자전거 타고 가.
④ 여: 너의 자전거는 어디에 있니?
남: 나의 자전거는 정원에 있어.

## Unit 16 날씨를 나타내는 표현 How's the weather today?

p74

1. ❸ 2. ❷ 3. ❶

1. It's very cold.
날씨가 매우 추워요.

2. M: How's the weather today?
W: It's sunny.

남: 오늘 날씨 어때?
여: 화창해.

3. ❶ It's windy and cool.
❷ It's rainy and warm.
❸ It's foggy and warm.
❹ It's snowy and cold.

① 바람이 불고 시원해요.
② 비가 오고 따뜻해요.
③ 안개가 끼고 따뜻해요.
④ 눈이 오고 추워요.

## Unit 17 나이와 키 묻고 답하기 How old are you?

p78

1. ❷ 2. ❷ 3. ❸

1. seventy-four
74

2. I'm twenty-three years old.
나는 23살이야.

3. ❶ I am seventy-five years old.
❷ I am seventy-six years old.
❸ I am sixty-five years old.
❹ I am sixty-eight years old.

① 나는 75세입니다.
② 나는 76세입니다.
③ 나는 65세입니다.
④ 나는 68세입니다.

## Unit 18 형용사 What does your father look like?

p82

1. ❶ 2. ❷ 3. ❶

1. brown
갈색

2. M: What does he look like?
W: He is short and fat.

남: 그는 어떻게 생겼니?
여: 키가 작고 뚱뚱해.

3. ❶ This is my aunt.
   She's wearing a uniform.
   ❷ This is my sister.
   She's wearing a dress.
   ❸ This is my uncle.
   He's wearing a uniform.
   ❹ This is my mother.
   She has short hair.

   ① 이 분은 나의 이모이셔.
   그녀는 유니폼을 입고 계셔.
   ② 이 아이는 나의 여동생이야.
   그녀는 드레스를 입고 있어.
   ③ 이 분은 나의 삼촌이셔.
   그는 유니폼을 입고 계셔.
   ④ 이 분은 나의 엄마야.
   그녀는 짧은 머리를 하고 있어.

## Unit 19 출신지 묻기와 직업 묻기 Where are you from?

p86

1. ❸ 2. ❷ 3. ❹

1. G: Where are you from?
   B: I'm from China.

   소녀: 너는 어디에서 왔니?
   소년: 나는 중국에서 왔어.

2. W: What is your father's job?
   M: He is a fire fighter.

   여: 너의 아버지 직업이 뭐니?
   남: 소방관이셔.

3. ❶ W: Where are you from?
   M: I'm from Mexico.
   ❷ W: What do you do?
   M: I'm a student.
   ❸ W: What does your father do?
   M: He is an engineer.
   ❹ W: What's your job?
   M: I like swimming.

   ① 여: 너는 어디에서 왔니?
   남: 나는 멕시코에서 왔어.
   ② 여: 너의 직업은 무엇이니?
   남: 나는 학생이야.
   ③ 여: 너의 아버지는 뭐하시니?
   남: 기술자이셔.
   ④ 여: 너의 직업이 무엇이니?
   남: 나는 수영하는 것을 좋아해.

## Unit 20 사실 확인과 대답 When do you usually get up?

p90

1. ❹ 2. ❸ 3. ❷

1. I usually go to bed at 9 o'clock.
   나는 보통 9시에 잠자러 가.

2. I usually play soccer after school.
   나는 보통 방과 후에 축구를 해.

3. What do you usually do after dinner?
   너는 저녁 식사 후에 보통 뭐 하니?

## Unit 21 현재진행형 What are you doing now?

p94

1. ❷ 2. ❸ 3. ❷

1. B: What are you doing?
   G: I'm listening to music.

   소년: 너는 뭐 하고 있니?
   소녀: 나는 음악을 듣는 중이야.

2. G: Are you playing baseball?
   B: No, I'm not.
   I'm playing soccer.

   소녀: 너 야구하고 있니?
   소년: 아니, 난 축구를 하고 있어.

3. ❶ They are listening to music.
   ❷ She is playing the piano.
   ❸ He is dancing.
   ❹ They are watching TV.

   ① 그들은 음악을 듣고 있어요.
   ② 그녀는 피아노를 치고 있어요.
   ③ 그는 춤을 추고 있어요.
   ④ 그들은 TV 보고 있어요.

## Unit 22 사실 묘사 Is there my eraser on the desk?

p98

1. ❸ 2. ❶ 3. ❸

script

1. There is a cat on the bed.
   침대 위에 고양이가 있다.

2. W: Is there a doll on the desk?
   M: Yes, there is.

   여: 책상 위에 인형이 있나요?
   남: 네, 있습니다.

3. (Q): Are there cats on the sofa?
   (질문): 소파 위에 고양이가 있나요?

## Unit 23 음식 주문하기 May I take your order?

p102

1. ❹ 2. ❸ 3. ❷

script

1. I'd like a hamburger and an orange juice, please.
   햄버거와 오렌지 주스 주세요.

2. Would you like anything else?
   다른 것도 드시겠어요?

3. M: May I take your order?
   G: Yes, I'd like two hamburgers and french fries.
   M: Anything else?
   G: I'll have a small salad.
   M: Something to drink?
   G: No, that's all.

   남: 주문하시겠어요?
   소녀: 저는 햄버거 두개와 감자튀김을 하겠어요.
   남: 다른 것은요?
   소녀: 샐러드 작은 것을 먹겠어요.
   남: 마실 것은요?
   소녀: 아니요, 그것만 주세요.

## Unit 24 미래시제 We will have a birthday party.

p106

1. ❸ 2. ❶ 3. ❷

1. I will go to see a movie.
   나는 영화 보러 갈 거야.

2. He is going to read a book.
   그는 책을 읽을 것이다.

3. 민호: What will you do after school, Sally?
   샐리: I will play the piano. How about you, Min-ho?
   민호: I will play baseball with my friend.

   민호: 방과 후에 뭐 할 거니?
   샐리: 나는 피아노 연주할 거야. 넌 뭐 할 건데, 민호야?
   민호: 난 내 친구들이랑 야구할 거야.

## Unit 25 감탄하기 What a pretty hairpin!

p110

1. ❸ 2. ❸ 3. ❷

1. How short he is!
   그는 정말 키가 작구나!

2. How do you like my hat?
   내 모자 어때?

3. ❶ What a beautiful dress!
   ❷ How cute he is!
   ❸ How tall she is!
   ❹ What a tiny cat!

   ① 정말 예쁜 드레스다!
   ② 그는 정말 귀여워!
   ③ 그녀는 정말 키가 커!
   ④ 정말 작은 고양이다!

## Unit 26 요일 / 날짜 표현하기 When is your birthday?

p114

1. ❸ 2. ❷ 3. ❶

1. G: When is your birthday?
   B: July 23rd is my birthday.

   소녀: 생일이 언제니?
   소년: 7월 23일이 내 생일이야.

2. W: What's the date today?
   M: It's October 24th.

   여: 오늘이 몇 월 며칠이니?
   남: 10월 24일이야.

3. (Q): What day is Mom's birthday?
   (질문): 엄마의 생신이 무슨 요일인가요?

## Unit 27 과거시제 I saw a movie on Saturday.

p118

1. ❸ 2. ❸ 3. ❸

1. B: Did you stay home yesterday?
   G: No, I didn't. I saw a movie.

   소년: 어제 집에 있었니?
   소녀: 아니, 나는 영화를 봤어.

2. G: What did you do last Sunday?
   B: I stayed home and played computer games.

   소녀: 지난 일요일에 뭐 했니?
   소년: 집에 있으면서 컴퓨터 게임을 했어.

3. What did she do last Sunday?
   그녀는 지난 일요일에 뭘 했나요?

## Unit 28 길 묻고 안내하기 How can I get to the post office?

p122

1. ❷ 2. ❶ 3. ❹

1. The bookstore is next to the bakery.
   서점은 제과점 옆에 있어요.

2. M: How can I get to the bus stop?
   W: It's across from the hospital.

   남: 버스 정류장에 어떻게 가나요?
   여: 병원 건 편에 있어요.

3. ❶ It's next to the library.
   ❷ It's across from the hospital.
   ❸ It's on the corner.
   ❹ It's between the post office and the hospital.

   ① 도서관 옆에 있어요.
   ② 병원 건너편에 있어요.
   ③ 그것은 모퉁이에 있어요.
   ④ 우체국과 병원 사이에 있어요.

## Unit 29 물건 사기 How much is it?

p126

1. ❹ 2. ❶ 3. ❷

1. W: May I help you?
   M: I'm looking for a sweater.

   여: 무엇을 찾으세요?
   남: 저는 스웨터를 찾고 있어요.

2. M: What can I do for you?
   W: I need shoes.
   M: What color do you want?
   W: I want black.

   남: 무엇을 찾으세요?
   여: 저는 구두가 필요해요.
   남: 무슨 색깔을 원하세요?
   여: 검은 색을 원해요.

3. How much is it?
   가격이 얼마죠?

## Unit 30 위치 나타내기 It's under the books.

p130

1. ❸ 2. ❷ 3. ❹

1. The dog is next to the box.

개가 상자 옆에 있어요.

2. Where is the backpack?
가방이 어디에 있나요?

3. ❶ The pencil case is next to the book.
❷ The glasses are on the newspaper.
❸ The eraser is between the pencil and the notebook.
❹ The umbrella is under the table.

① 필통이 책 옆에 있어요.
② 안경이 신문 위에 있어요.
③ 지우개는 연필과 공책 사이에 있어요.
④ 우산은 탁자 밑에 있어요.

## Unit 31 전화 대화 May I speak to Bob?

p134

1. ❶ 2. ❶ 3. ❶

1. Who's calling, please?
전화하는 분은 누구세요?

2. 남수: Hello.
샐리: Hi, Nam-su! This is Sally.
남수: Hi, Sally. How are you?
샐리: Fine. What are you doing now?
남수: Nothing special. Why?
샐리: Let's play badminton.
남수: That's a good idea.
(Q): What will they do?

남수: 여보세요.
샐리: 안녕, 남수! 나 샐리야.
남수: 안녕, 샐리. 어떻게 지내?
샐리: 잘 지내. 너 지금 뭐 하고 있어?
남수: 특별한 일은 없어. 왜?
샐리: 배드민턴 치자.
남수: 좋은 생각이야.
(질문): 그들은 무엇을 할 것인가?

3. ❶ G: Hello, may I speak to Min-ho?
M: Yes, hold on, please. Min-ho, it's for you.
❷ G: Can I speak to Mike?
M: Sorry, but he is not in now.
❸ G: Hello, I'd like to speak to Min-ho.
M: Sorry, but you have the wrong number.
❹ G: May I speak to Min-ho?
M: This is he speaking.

① 소녀: 여보세요, 민호 있나요?
남: 잠깐만 기다려라. 민호, 너에게 전화 왔다.
② 소녀: 마이크와 통화할 수 있나요?
남: 미안하구나, 지금 집에 없어.
③ 소녀: 여보세요. 민호와 통화하고 싶은데요.
남: 미안한데, 전화를 잘못 걸었구나.
④ 소녀: 민호와 통화할 수 있나요?
남: 전데요.

## Unit 32 음식 권하기 Would you like some more cake?

p138

1. ❸ 2. ❶ 3. ❶

# 정답 및 해설

1. B: Would you like some bread?
   G: Yes, please.

   소년: 빵 좀 먹을래?
   소녀: 응, 좋아.

2. G: Which would you prefer, juice or tea?
   B: I prefer juice.

   소녀: 주스와 차 중에 어떤 것이 좋니?
   소년: 나는 주스가 좋아.

3. ❶ G: Would you like some more cake?
   B: No, I'm full.

   ❷ G: Would you like a drink?
   B: No, thank you.

   ❸ G: Which would you prefer, cake or bread?
   B: Cake, please.

   ❹ G: Do you want some more cake?
   B: Yes, please.

   ① 소녀: 케이크 좀 더 먹을래?
   소년: 아니, 배불러.
   ② 소녀: 뭐 좀 마실래?
   소년: 고맙지만 됐어.
   ③ 소녀: 케이크와 빵 중에 어떤 것이 좋니?
   소년: 케이크가 좋아.
   ④ 소녀: 케이크 좀 먹어볼래?
   소년: 응, 먹을게.

## Unit 33 조동사 I must wrap this box.

p142

1. ❷ 2. ❸ 3. ❶

1. You must not run here.
   너 여기에서 뛰면 안 돼.

2. I can play the guitar.
   나는 기타를 연주할 수 있어.

3. ❶ He will eat chicken.
   ❷ He won't eat chicken.
   ❸ He doesn't like chicken.
   ❹ He is full.

   ① 그는 닭고기를 먹을 것이다.
   ② 그는 닭고기를 먹지 않을 것이다.
   ③ 그는 닭고기를 좋아하지 않는다.
   ④ 그는 배가 부르다.

## Unit 34 초대하기 / 부탁하기 How about coming to my house?

p146

1. ❷ 2. ❹ 3. ❸

1. G: Will you pass me the tomato, please?
   B: Sure, I will.

   소녀: 토마토를 나에게 건네줄래?
   소년: 물론이지.

2. G: How about coming to my house for dinner?
   B: Sorry, but I can't.

   소녀: 저녁 먹으러 우리 집에 올래?
   소년: 미안하지만 못 가겠어.

3. ❶ B: How about coming to my house?
   G: Sounds good.

❷ B: Can you open the window for me?
G: Of course.
❸ B: Can I ask you a favor?
G: I'll take it.
❹ B: Will you help me with my homework?
G: Sure, with pleasure.

① 소년: 우리 집에 올래?
소녀: 좋아.
② 소년: 창문 좀 열어줄래?
소녀: 물론이지.
③ 소년: 나 좀 도와줄래?
소녀: 나는 그걸 사겠어.
④ 소년: 내 숙제 좀 도와줄래?
소녀: 물론이지, 기꺼이 도와줄게.

## Unit 35 What's the matter?

아픔 표현하기 / 위로·동정하기

p150

1. ❷ 2. ❸ 3. ❶

script

1. I have a stomachache.
배가 아파요.

2. M: What's the matter with David?
W: He has a cold.
M: And what's the matter with Sally?
W: She has a headache.

남: 데이비드한테 무슨 문제가 있나요?
여: 그는 감기에 걸렸어요.
남: 그리고 샐리에게 무슨 문제가 있나요?
여: 그녀는 두통이 있어요.

3. ❶ She has a fever.
❷ She has a stomachache.
❸ She has a headache.
❹ She has a toothache.

① 그녀는 열이 나요.
② 그녀는 배가 아파요.
③ 그녀는 두통이 있어요.
④ 그녀는 치통이 있어요.

## Unit 36 Mike is taller than Nam-su.

비교하기

p154

1. ❶ 2. ❸ 3. ❹

script

1. Mike is heavier than Paul.
마이크는 폴보다 무겁다.

2. Is Peter older than Sally?
피터는 샐리보다 나이가 많니?

3. ❶ Peter is taller than Bill.
❷ Peter is stronger than Bill.
❸ Peter is heavier than Bill.
❹ Peter is shorter than Bill.

① 피터는 빌보다 키가 커요.
② 피터는 빌보다 힘이 세요.
③ 피터는 빌보다 무거워요.
④ 피터는 빌보다 키가 작아요.